監修者――木村靖二／岸本美緒／小松久男／佐藤次高

［カバー表写真］
トルコ大国民議会のムスタファ・ケマル

［カバー裏写真］
アタテュルク廟
（アンカラ）

［扉写真］
ローマ字を教えているムスタファ・ケマル
（1929年頃）

世界史リブレット人86

ケマル・アタテュルク

トルコ国民の父

Shidara Kunihiro
設樂國廣

目次

トルコ国民の父

ムスタファ・ケマル・アタテュルク(一八八一～一九三八)は、トルコ共和国▲の創設者であり、初代大統領(在任一九二三～三八)である。第一次世界大戦(一九一四～一八年)に敗北したオスマン帝国(一二九九～一九二二年)はヨーロッパ列強により分割され、トルコ人ムスリム(イスラーム教徒)にはアンカラ周辺のみが残されることになった。これに反発したムスタファ・ケマルは、休戦協定で確保したアナトリア▲全土をトルコ人の祖国として独立させる祖国解放運動(一九一九～二二年)を指導し、その目的を達成した。そして、トルコ革命といわれる近代化・西欧化をおこない、トルコ共和国を西欧的近代国家に変貌させた。

▼トルコ共和国　一九二四年に制定された基本組織法第一条に「トルコ国(テュルキイェ・デヴレティ)は共和国(ジュムフリイェット)である」とあり、正式国名はトルコ国である。しかし、ここでは通称のトルコ共和国を用いる。

▼アナトリア　小アジアともいわれるトルコ共和国のアジア側部分。西のエーゲ海岸から東の海抜五〇〇〇メートルをこえるアララト山のある山岳地帯へ高度を上げる。北の黒海岸と南の地中海岸はともに山脈が走り、断崖が海まで迫る場所が多い。古くから文明が栄えた。

イスラーム国家といわれるオスマン帝国を淘汰《とうた》して生まれたトルコ共和国は西欧的近代国家であるが、ローザンヌ条約▲により住民交換▲がなされたため、国民の約九九%はムスリムである。今日トルコ共和国を訪れる人は、国民の日常生活がイスラーム的要素を保持しながらも西欧化されており、国家体制も西欧の近代国家と同じであることを知るであろう。

トルコ共和国成立後、ムスタファ・ケマルは、カリフ制を廃し、シャリーア(イスラーム法)にもとづかない国家体制を樹立した。彼は国民の大部分を占めるムスリムの存在を考慮しながら、イスラームにもとづく多くの制度を排除し、国民の自由を享受する場をつくるための改革を推進した。その改革の中心は、「政教分離」とも「世俗化」とも訳されるラーイキリキ政策(九〇頁参照)であった。

オスマン帝国では、政治の実権は高位高官の官僚政治家に独占されており、下級官僚や軍人の政治的発言は封じられていた。しかし、貴族制のようなものはなく、才能があれば高位高官に昇進することも可能であった。ムスタファ・ケマルは密かなる大望をもち、軍人として軍務に専念しながら機が到来するの

▼ローザンヌ条約(一九二三年) 第一次世界大戦のオスマン帝国の戦後処理を定めたセーヴル条約(一九二〇年)が祖国解放戦争の結果、無意味となったため、新たにオスマン中央政府ではなく、ムスタファ・ケマル率いるアンカラ政府が戦勝国と締結した条約(五八頁参照)。

▼住民交換　ギリシア内のムスリムとトルコ共和国内のギリシア正教徒が交換された。ただし、西トラキアとイスタンブルの両地区は対象から除外された。

を待ち、第一次世界大戦の敗戦を機に本格的に政治活動への道に進んだ。彼の目標は祖国が国民主権によって保障され、国民の代表によって構成された議会を最高の権力とすることであった。

ムスタファ・ケマルは軍役時代にえた戦友・同志を糾合して、オスマン政府と対立する活動を起こし、国民による新たな議会をつくった。そして、この議会を基盤とする新政府を樹立し、諸外国からの干渉を排除して、祖国解放運動を展開したのである。彼には権力を維持するために、政策を批判する者や抵抗する者を排除する強引な政治姿勢がみられた。しかし、非常時にあっての必要な権力集中による国民救済という面においては、多大な貢献をなしたと評価できる。

本書では、ムスタファ・ケマルの活動をたどることにより、改革を指導する権力をいかにして確保したか、そしてトルコ共和国の近代化をいかに推し進めたかを中心にみていきたい。

①—かげりゆくオスマン帝国

生い立ち

ムスタファ・ケマルは、バルカン半島の南、エーゲ海の北岸にある都市サロニカ（現在のギリシア共和国のテッサロニキ）に生まれた。父親アリ・ルザは下級官吏であったが、のちに材木商となり、彼が幼少のころなくなった。母親ズュベイデはその後再婚したが夫と別れ、サロニカに住んでいた。しかしバルカン戦争▲の終結によりギリシア領となったサロニカを離れ、イスタンブルに移った。老後はアンカラに住んでいたがイズミルに移り、ここでなくなった。

ムスタファ・ケマルの生まれた年については明確ではなく、一八八〇年説や一八八一年説があるが、アンカラのアタテュルク博物館に所蔵されている身分証明書では一八八一年となっている。月日についても不明だが、以下のような逸話がある。彼が大統領になってからのことであるが、ヨーロッパのある王室が各国の元首に誕生日のメッセージを送っている慣例から、トルコ政府に大統領の誕生日を問う連絡をした。政府は彼の誕生日を把握していなかったので、

ムスタファ・ケマルの母ズュベイデ

▼バルカン戦争　オスマン軍がリビアでイタリアと戦っているとき、モンテネグロがオスマン帝国に宣戦布告し開戦した。セルビア・ブルガリア・ギリシアが参戦し、アルバニアが独立したため、オスマン帝国はルメリー（六頁用語解説参照）の領土をほとんど失って敗北した（第一次）。戦後、ブルガリアが広大な領土を併合したため、セルビア・ギリシア・モンテネグロ・ルーマニアが攻撃し、ブルガリアの領土を縮小して終戦。オスマン帝国はエディルネまでの領土を回復した（第二次）。

本人に問い合わせたところ、「母親に聞いたところでは「春の日に生まれた」といっているので、祖国解放運動の第一歩となったサムスン上陸(二六頁参照)を記念して「青年の日」▲とされた五月十九日を誕生日にする」との回答があった。トルコ政府はムスタファ・ケマルの誕生日を五月十九日とその王室に伝え、以後これが公式な誕生日となった。

ムスタファ・ケマルの親がつけた名前は、ムスタファであった。幼年学校▲在学中、数学の教師ムスタファ大尉が「同じ学校にムスタファが二人いるのは不都合だから」と、彼に「賢い」という意味を加えた「ムスタファ・ケマル」と名乗るように勧め、ムスタファ・ケマルとなった。のちに共和国が成立し、姓氏法▲が制定されると、議会は彼に「父なるトルコ人」の意味をもつアタテュルクの姓を贈った。前述の身分証明書には、姓アタテュルク、名ケマルと記されており、彼自身もケマル・アタテュルクと称しており、署名もケマル・アタテュルクとしている。

ムスタファ・ケマルは、サロニカの普通小学校に入学したが、父の死後、学費のかからない幼年学校に移り、マナストゥルの予科士官学校に進学した。そ

▼「青年の日」　トルコ共和国の祝日。現在は「アタテュルク記念青年とスポーツの日」となっている。

▼幼年学校　軍の初等教育機関。

▼姓氏法(一九三四年)　トルコ国民がそれまで一般的でなかった苗字を新たに名乗るよう定めた法律。

してイスタンブルの陸軍士官学校を卒業して少尉に任官した。卒業生五四九人中歩兵科八位の成績優秀者として、一九〇一年に陸軍大学へ進んだ。当時の知識青年と同じように彼も、アブドゥルハミド二世▲の専制政治に反発し、禁書とされたナームク・ケマル▲の著作を読み、「ヴァタン」(祖国)をキーワードとする自由思想を学び、密かに反専制政治活動をおこなった。しかし、密告により発覚して逮捕され、軍法会議にかけられたが、在学は許された。〇四年、陸軍大学を三七人中五位の成績で卒業し、参謀大尉に任官した。しかし多くの新任将校が精鋭第三軍に配属されるなかで、ムスタファ・ケマルは観察処分となり、第五軍のダマスクスの騎兵連隊に配属された。

青年トルコ人革命とムスタファ・ケマル

ダマスクスでは、軍内で政治活動をしないよう監視されていたにもかかわらず、ムスタファ・ケマルは祖国を救済するという目標を掲げ、アブドゥルハミド二世の専制政治打倒をめざす秘密結社「祖国と自由委員会」▲を組織した。しかし、ダマスクスがアラブ社会であったことなどから、彼の活動は広がりをみ

▼**アブドゥルハミド二世**(在位一八七六〜一九〇九)　オスマン帝国第三四代スルタン。憲法制定を約して即位し、一八七六年末、憲法を公布したが、七八年初めに憲法を停止して専制政治をおこなった。一九〇八年の青年トルコ人革命により憲法を復活させたが、翌年反革命に加担したとして廃位された。

▼**ナームク・ケマル**(一八四〇〜八八)　オスマン帝国末期の政治家・思想家。フランスの影響を受け、自由主義思想にもとづいた詩や小説、戯曲などを著した。自由・祖国・愛国などの言葉を広めた。

▼**「祖国と自由委員会」**　ムスタファ・ケマルが、ダマスクスに追放されていた創設期の「統一と進歩委員会」メンバーであったムスタファ(ジャンテキン)とともに創設したアブドゥルハミド二世の専制政治打倒をめざす秘密結社。

▼**ルメリー**　オスマン帝国のバルカン半島部分。ローマを語源とする。小アジア部分はアナトリア(アナドール)という。セルジューク時代はアナトリアがルーム(ローマ)といわ

れていた。

▼「統一と進歩委員会」　一八八九年、イスタンブルで結成されたが、弾圧により十九世紀末には主要活動は海外に移り、パリ本部が中心となった。一九〇六年にサロニカの「オスマン自由委員会」を統合し、おのおの「統一と進歩委員会」のパリ本部・サロニカ本部となり、国内活動はふたたび活発化した。〇八年の憲法復活の中心的存在である。

▼アフメト・ニヤーズィ(一八七三〜一九一三)　オフリ生まれのアルバニア人。陸軍士官学校出身。一八九七年、ギリシア戦争で軍功をあげた。マケドニアのレスネで武装蜂起して憲法復活の原動力となった。「自由の英雄」の称号を与えられたが、アルバニアで暗殺された。

▼シェムスィ・パシャ(一八四六／四七〜一九〇八)　アルバニア人。二十世紀初頭、コソヴァ地方のプリズレン周辺でアルバニア人の反乱鎮圧に功績があり、アブドゥルハミド二世の信頼が篤かった。しかし、冷酷な行動で同じアルバニア人など多くの人から恐れられていた。

せなかった。このため彼は、諸外国の干渉や民族運動の高まりにより専制政治の矛盾が顕在化しているマケドニアの第三軍への転属を希望した。一九〇七年六月に参謀上級大尉に昇進すると、第三軍参謀本部への異動がかなえられ、ルメリー東部地区鉄道監督官に任命された。

ムスタファ・ケマルは、転属を機にサロニカで「祖国と自由委員会」を発展させることを考えた。しかし、専制政治を倒し憲法の復活をめざす目的をもった「統一と進歩委員会」が、すでに第三軍将校のあいだに浸透しており、ルメリーで「祖国と自由委員会」を組織化することは困難であると考え、「統一と進歩委員会」に加入した。

一九〇八年七月、「統一と進歩委員会」マナストゥル本部のニヤーズィ上級大尉がスルタンに憲法の復活を要求する電報を送り、レスネで武装蜂起し、山岳地帯に立てこもった。これが憲法復活に結びつく直接的運動の開始となった。アブドゥルハミド二世は、コソヴァ(コソボ)にいた信頼するアルバニア人将軍、シェムスィ・パシャに武装蜂起鎮圧の出動を命じた。しかし、シェムスィが「統一と進歩委員会」メンバーによりマナストゥルの電報局前で白昼に暗殺さ

▼タタール・オスマン・パシャ（?〜一九二四）　クリミア半島のギョズレヴェ（現ヤヴェパトリア）生まれで、クルム・タタール出身とされる。イスタンブルの士官学校を出て、ドイツで教育を受けた。帰国後各地で軍務につき、一九〇六年にイエメン軍司令官となり、帰国して元帥に昇進した。〇七年、ルメリーの武装蜂起鎮圧に派遣されるが、蜂起側により山岳地帯に連行・監禁された。憲法復活後、第六軍、第五軍司令官に任命されるが退役し、元老院議員となった。

▼エユップ・サブリ・アクギョル（一八八六〜一九五〇）　オフリ生まれ。陸軍士官学校卒業後、オフリに配属される。一九〇八年のニヤーズィの蜂起に参加し、「自由の英雄」とされた。一〇年、軍役を離れ「統一と進歩委員会」の中央委員となる。庶民院議員となりマルタに抑留されるが、解放後エスキシェヒール選出議員として大国民議会に加わる。二六年のイズミル事件（七六頁参照）で逮捕されるが無罪となった。

れたため、後任としてイスタンブルからタタール・オスマン・パシャ▲が、そして増援部隊がアナトリアから派遣された。

一方、蜂起鎮圧を命ぜられオフリから出動したエユップ・サブリ▲上級大尉は命令に反して、蜂起したニヤーズィと合流し合同国民軍を結成した。合同国民軍は、タタール・オスマン・パシャの滞在するマナストゥルの宿舎を襲撃し、彼を客分として山岳地帯に連行した。こうしてアブドゥルハミド二世の武装蜂起鎮圧作戦はことごとく失敗した。

七月二十三日、「統一と進歩委員会」マナストゥル本部は、兵営前の広場において、憲法復活を宣言した。これに呼応して、マケドニア各地の「統一と進歩委員会」も憲法復活の宣言をおこなった。サロニカでは、民衆が街頭に繰り出し、民族・宗教・宗派を問わず喜びをあらわすお祭り騒ぎとなった。さらに、トラキアのセレズ駐屯のオスマン軍が、憲法の即時復活を求めて首都イスタンブルへの進撃をオスマン政府に通告した。

アブドゥルハミド二世は、ルメリーの混乱を収拾するためには憲法復活要求を受け入れる以外ないとして、七月二十四日の官報に憲法復活の勅令を掲載さ

オスマン朝スルタン・カリフ略系図

マフムト2世
1785～1839
在位1808～39

- アブドゥルメジド
  1823～61
  在位1839～61
  - ムラト5世
    1840～1904
    在位1876
  - アブドゥルハミド2世
    1842～1918
    在位1876～1909
  - メフメト5世
    （レシャト）
    1844～1918
    在位1909～18
  - メフメト6世
    （ヴァフデッティン）
    1861～1929
    在位1918～22
- アブドゥルアジズ
  1830～76
  在位1861～76
  - アブドゥルメジド
    1868～1944
    カリフ在位1922～24

第三軍時代のムスタファ・ケマル　当時のオスマン軍の編成と司令部は、第一軍（近衛軍・イスタンブル）、第二軍（トラキア軍・エディルネ）、第三軍（マケドニア軍・サロニカ）、第四軍（アナトリア軍・エルズルム）、第五軍（シリア軍・ダマスクス）、第六軍（イラク軍・バグダード）であった。第三軍のマケドニアはサロニカ・コソヴァ・マナストゥル（現在のマケドニア共和国のビトラ）の三州を一括した地名で、外国の干渉に対応するために総督がおかれた。ムスタファ・ケマルが加入した「統一と進歩委員会」の国内組織は各地の独立性が高く、サロニカのほかマナストゥルにも本部がおかれていた。

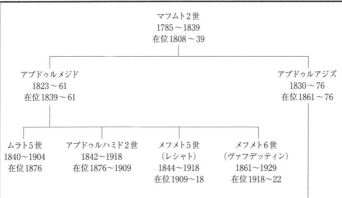

せ、各州知事にただちに庶民院▲議員の選挙をおこなうよう布告を出した。ここに憲法は正式に復活し、第二次立憲体制▲が開始された。

「統一と進歩委員会」マナストゥル本部の武装蜂起から始まる第二次立憲体制の樹立は、一般に「青年トルコ人革命」といわれるが、体制変化などの革命的要素は薄く、憲法復活による諸権利の復活が重要であったことから、トルコでは「自由の宣言」と呼ばれることが多く、蜂起を推進した関係者は「自由の英雄」と呼ばれた。

一九〇八年八月、トリポリ(リビア)州知事兼軍司令官レジェップ・パシャ▲が第二次立憲体制内閣の陸軍大臣となりイスタンブルに移った。しかし、リビアの在地勢力がイスタンブルの政府に反発し混乱が生じた。事態の安定化と立憲体制の周知徹底のため、ムスタファ・ケマルは「統一と進歩委員会」の幹部タラート▲の要請によりトリポリとキレナイカに派遣された。この経緯からのちに彼は、〇九年の「統一と進歩委員会」第二回総会でトリポリ代表となり、「軍人の平時における政治介入に反対する」との演説をおこなった。憲法復活がなされ情勢が安定したのであるから、軍人は軍務に専念すべきであると主張した

▼庶民院　オスマン帝国国会の下院にあたる議会で、元老院(上院)と二院制議会を構成した。各州で人口五万あたり一人の代議員が選出される宗教別選挙による議会であった。

▼第二次立憲体制　一八七六年制定のオスマン帝国憲法がアブドゥルハミド二世によって七八年に停止され、専制政治が長く続いたが、一九〇八年の青年トルコ人革命によって復活した。復活後の体制を第二次立憲体制という。

▼レジェップ・パシャ(一八四二〜一九〇八)　陸軍大学出身。総参謀本部、バグダードの第六軍勤務後、第三軍へ転属し、マケドニアの対ゲリラ戦を指揮した。ダマスクスの第五軍司令官からバグダード州知事をへて、トリポリ駐屯軍司令官に異動し、リビアの州知事兼軍司令官となる。流刑者を保護し、「統一と進歩委員会」に好意をもった。立憲制復活にともなうキャミル・パシャ内閣の陸軍大臣に任命されたが、イスタンブルに着任して一週間後、執務中に死去した。

のである。

一方、憲法復活にともない士官学校出身の将校を中心にオスマン軍の近代化も進められた。そのため読み書きのできない将校・下士官が職を失い、その穴埋めに神学生が兵役を求められるなどしたため、軍内および神学生のあいだに不満をもつ者が増大した。この状況下で、大部分が「統一と進歩委員会」のメンバーである士官学校出身将校に率いられ、イスタンブルに憲法擁護部隊として配置された第三軍の狙撃大隊の下士官・兵が、一九〇九年四月武装反乱を起こした。彼らはイスラーム主義者のデルヴィシュ・ヴァフデティ▲の影響を受けていた。反乱には多くの不満分子が同調して、「シャリーアを要求する」とのスローガンを叫び、「統一と進歩委員会」事務局を攻撃し、その政治的拠点でもあった議会を包囲した(三一・三一事件▲)。

第三軍サロニカ予備師団の参謀長であったムスタファ・ケマルは、この事件の第一報を受けると立憲体制の危機と確信し、ただちに師団長ヒュスニュ・パシャとともにイスタンブルに向けて出動した。鉄道監督官の経験から鉄道による部隊輸送をすみやかにおこない、イスタンブル近郊のチャタルジャに前線司

▼メフメト・タラート・パシャ(一八七四〜一九二一)　郵便局官吏であったが、「統一と進歩委員会」の有力者となり、憲法復活後入閣して長らく内務大臣を務めた。のちパシャの位をえて大宰相になり、エンヴェル・パシャ、ジェマル・パシャと三頭政治をおこなった。第一次世界大戦の敗北を前に辞職し、国外に逃亡したが、ベルリンの路上でアルメニア人に暗殺された。

▼デルヴィシュ・ヴァフデティ(一八七〇〜一九〇九)　キプロス出身のオスマン帝国末期の思想家。改革的な思想をもっていたが、イスラーム主義を強く主張するようになった。『ヴォルカン』(火山)紙を発行し、立憲体制をイスラーム法に反していると攻撃した。三一・三一事件の首謀者として逮捕・処刑された。

▼三一・三一事件　一九〇九年四月十三日深夜に発生した武装反乱。ルーミー暦(オスマン財務暦、一〇〇頁用語解説参照)の一三二四年マルトゥ月三十一日夜にあたる。マルトゥは、一九一八年までは正月であったが、現在は三月である。このため、三一・三一事件とする。

令部を開設した。彼はこの部隊を「行動軍」と名づけ、イスタンブル市内の混乱平定のため「行動軍」が突入する旨の布告文を参謀長名で作成した。

しかし、突入直前に事態の重要性を認識した第三軍司令官マフムト・シェヴケト・パシャ▲が、自ら前線に移動し「行動軍」の指揮にあたった。参謀長には、急遽帰国したベルリン駐在武官のエンヴェル▲少佐が任命された。ムスタファ・ケマルは、一参謀として「行動軍」のイスタンブル突入に加わったが、サロニカの原隊司令部にもどった。その後、第三軍参謀本部付、第三軍士官教育司令官、第五軍団参謀、第三八歩兵連隊参謀を歴任し、一九一一年九月、イスタンブルの総参謀本部に異動した。

イタリア戦争とバルカン戦争

一九一一年九月に突然イタリア軍がリビアに上陸し、オスマン・イタリア戦争が開始された。オスマン軍は、将校のみを派遣して現地の兵力で対応した。十一月に少佐に昇進したムスタファ・ケマルは、イギリスの支配下にあるエジプト・リビア国境を密かに通過し、ベンガジに潜入した。十二月トブルク近郊

▼マフムト・シェヴケト・パシャ（一八五六〜一九一三）　第三軍司令官。三・三一事件で「行動軍」を率いてイスタンブルにはいり、戒厳軍司令官となる。のちに陸軍大臣となり、一九一三年の「統一と進歩委員会」のクーデタで大宰相に推され、そのまま陸軍大臣も兼任したが、同年陸軍省前で暗殺された。

▼イスマイル・エンヴェル・パシャ（一八八一〜一九二二）　イスタンブル生まれ。陸軍士官学校、陸軍大学出身で、「統一と進歩委員会」の有力者。青年トルコ人革命のとき山岳地帯にこもったので、ニヤーズィとともに「自由の英雄」とされた。のちのスルタンの姪と結婚し、権力への道に進む。短期間で将軍に昇進し陸軍大臣となるが、若年のため参謀総長代理となる。タラート・パシャ、ジェマル・パシャと三頭政治をおこない、独断で第一次世界大戦への参戦を決定したが、敗戦を前に国外脱出した。祖国解放戦争には参加を希望するも拒否され、中央アジアで赤軍と戦い戦死した。ムスタファ・ケマルとの確執が、第三軍時代から祖国解放戦争にいたるまで続いた。

でイタリア軍を撃退したが、作戦行動中、体調を崩していた。

一九一二年九月、戦況が不利になったイタリアの要求により停戦会談がおこなわれた。この会談中の十月、モンテネグロ▲がオスマン政府に宣戦布告し、バルカン戦争が開始された。オスマン政府は、バルカン戦争に専念するために停戦交渉継続を断念し、リビアを放棄した。作戦に従事していたムスタファ・ケマルらは帰国を命じられた。イタリアはリビアを手に入れ、さらにドデカネス諸島へ触手を伸ばしていた。

モンテネグロの宣戦布告に続き、対オスマン帝国同盟であるバルカン同盟のブルガリア▲・セルビア・ギリシア各国も参戦し、第一次バルカン戦争が始まった。ムスタファ・ケマルはリビアから帰国すると、ダーダネルス海峡▲(次頁用語解説参照)防衛のためゲリボル半島に新設された地中海・海峡軍団の参謀長に任命された。しかし、オスマン軍は各所で敗れ、エディルネをブルガリアに占領されるなどバルカン半島のオスマン領土の大部分を失い、休戦が成立した。このときムスリムの割合が大きかったアルバニアは独立した。

しかし、ブルガリアがオスマン旧領の大部分を併合したことに反発したモン

▼モンテネグロ　アドリア海に面した深い山岳地帯を領土とし、勇猛な住民は外部の支配を拒み続け、オスマン帝国も完全支配できなかった。国名はイタリア語で「モンテネグロ」、モンテネグロ語で「ツルナゴーラ」、トルコ語で「カラダア」でいずれも「黒い山」を意味する。

▼ブルガリア　国名はトルコ系のドナウ・ブルガールを継承するが、住民はスラヴ系言語を話す。一九〇八年のオスマン帝国の混乱を機に、東ルメリー領を併合して自治公国から王国として独立した。

テネグロ・セルビア・ギリシアにルーマニアも加担し、ブルガリアを攻撃したため、一九一三年に第二次バルカン戦争が始まった。オスマン軍もこれに加わり、ムスタファ・ケマルは、ブルガリアの占領したディメトカを回復し、さらにエディルネ奪還作戦にも参加した。

第一次世界大戦の勃発

バルカン戦争終結の直後、ムスタファ・ケマルはブルガリアの首都ソフィアの駐在武官に任命され、翌年三月に中佐に昇進した。一九一四年七月に第一次世界大戦が勃発し、セルビアなどバルカン諸国と対立するブルガリアは九月にオーストリア・ドイツ側にたって参戦した。オスマン帝国も十月、オスマン軍籍に編入したドイツの軍艦によるロシアへの砲撃を機に、ドイツ側にたって参戦した。

第一次世界大戦におけるオスマン軍の戦況は初めから不利であった。周囲の制海権はまったく失われていた。東部戦線にはロシア軍が展開し、南部戦線にはエジプトのイギリス軍がシナイ戦線を構築して、アラビア半島やメソポタミ

▼ダーダネルス海峡　地中海とマルマラ海を結び、アジア・ヨーロッパを分かつ。マルマラ海と黒海のあいだのボスポラス海峡とともにイスタンブルの防衛拠点である。幅が狭いため、戦時の戦闘艦の通行は不可能であった。

▼師団　帝国末期のオスマン軍の基本編成は、軍—軍団—師団—連隊—大隊となっていた。

ア、およびパレスチナでアラブ勢力の抵抗運動を支援した。
一九一五年、ムスタファ・ケマルはソフィアから帰国し、テキルダーで新たに編成される第一九師団▲長に任命された。彼は師団の建造に取りかかり、物資・兵員が不足するなかでようやく三個連隊をもって編成を完了した。しかし、そのうちの第五七連隊を残して二個連隊が第六軍団に移され、新たな二個連隊の建造はきわめて困難であった。

イギリスは海軍大臣チャーチル▲の作戦指導により、イスタンブル占領を目標として難攻不落のダーダネルス海峡への突入をいくたびか試みたが、ことごとく失敗したため、海峡通過をあきらめた。そしてアンザック軍団▲など、植民地の外人部隊を中核としたイギリス・フランス連合軍をもって、ゲリボル半島を確保し、その背後にあるダーダネルス海峡を占領する作戦に変更した。オスマン政府はドイツの軍事顧問ザンデルス▲元帥をゲリボル半島防衛の新設第五軍司令官に任命した。ムスタファ・ケマルは、唯一手元に残った第五七連隊と直轄の砲兵中隊のみで編成した急造第一九師団を率いて、この第五軍司令部直轄部隊として前線へ配備された。

▼ウィンストン・レオナード・スペンサー・チャーチル（一八七四〜一九六五）　イギリスの軍人・政治家・作家。祖父は公爵。陸軍士官学校を出て、キューバ、インドなどの海外戦争に従軍。その後保守党から総選挙に出て議員となるも自由党に鞍替えし、ドイツとの建艦競争時に海軍大臣となる。第一次世界大戦ではアントワープの戦い、ゲリボル上陸作戦に敗北し、海軍大臣を辞任する。のち保守党に復帰し、一九四〇年、首相となり第二次世界大戦を指導したが、戦後総選挙に敗れ下野する。一九五一〜五五年にも首相を務め、ノーベル文学賞も受賞した。

▼アンザック軍団　オーストラリア・ニュージーランドのイギリス植民地軍。ゲリボル上陸作戦にはインドの植民地軍も参加した。

▼リーマン・フォン・ザンデルス（一八五五〜一九二九）　ドイツの軍人。オスマン派遣軍事顧問団長で、オスマン軍の作戦指導にあたった。第一次世界大戦後、ドイツへの帰国途上のマルタでイギリス軍の戦争捕虜となり、『トルコでの五年間』という回顧録を書いた。

一九一五年四月、連合軍は艦砲射撃ののち、ゲリボル半島に上陸作戦を敢行した。ムスタファ・ケマルの率いる部隊は、多大な犠牲をしいられながらも最前線から後退することなく、海岸線から急斜面を這い登ってくる連合軍と接近戦を繰り返して、アナファルタで内陸への侵攻を抑えた。この功績により彼は六月に大佐に昇進し、八月にアナファルタ混成軍司令官に任命された。上陸軍への攻撃に成果をあげたムスタファ・ケマルは、「アナファルタの英雄」と報道された。

イギリス陸軍大臣キッチナー▲は現地視察の結果、勝利は望めないとしてゲリボル半島作戦の停止を決定し、一九一六年一月に霧にまぎれ全軍を撤収させた。この敗北により海軍大臣チャーチルは辞任した。ゲリボルの戦いは第一次世界大戦におけるオスマン軍の数少ない勝利の一つであった。ムスタファ・ケマルは第二軍所属第一六軍団司令官となりエディルネに移動し、新たな作戦の準備にあたった。

▼ホレイショ・ハーバード・キッチナー（一八五〇〜一九一六）　イギリス陸軍軍人で初代キッチナー伯爵。アラビア語を話し、中東に深い知識をもつ。陸軍士官学校を出て普仏戦争でフランス軍に従軍。アナトリアのカスタモヌ副領事を経験し、ヴィクトリア女王付き副官、枢密院顧問官などを歴任。第一次世界大戦では陸軍大臣となり、イスケンデルン上陸作戦を計画するが、チャーチル計画のイスタンブル方面作戦が実施されることとなった。その後ロシアに派遣されるが、乗艦した装甲巡洋艦がスコットランド沖で被雷して沈没し、乗員とともに戦死した。

▼パシャ　オスマン帝国時代の将軍、大臣階級の称号。その下の中級の官僚や少佐以上には「ベイ」が、それ以外の官吏・軍人や異教徒そして自由人などにはおもに「エフェンディ」が使われた。自由人であるスルタン継承者やイスラーム法官の称号も「エフェンディ」である。

▼アフメト・イゼト・パシャ（姓フルガチ、一八六四〜一九三七）　オスマン軍元帥。マナストゥル生まれのアルバニア人で、バルカン戦争時

東部戦線・南部戦線

一九一六年の冬、陸軍大臣エンヴェル・パシャは一〇万といわれる兵力をもって東部戦線においてロシア軍への総攻撃をおこなったが、寒さと装備の不足から攻撃軍の大部分を失い敗北した。翌年ロシア軍は侵攻を開始し、東部戦線のオスマン軍を撃破し、東部アナトリアのエルズルムそしてビトリス、ムシュ、ヴァン、ハッキャリを占領した。オスマン軍総参謀本部はムスタファ・ケマルの率いる第一六軍団を含む第二軍に、対ロシア防衛線構築のためにディヤルバクルへの移動を命じた。彼は第二軍司令官代行の任にあったが、大佐の階級で軍を指揮することに不都合が生じたため、四月に少将に昇進し、パシャ▲の称号をえた。第二軍司令官イゼト・パシャ▲が総参謀長に転出したため、彼は第二軍司令官となったが、七月にはアレッポに司令部をおく新設第七軍司令官に任命され、シリア戦線に移動し、稲妻混成軍▲に編入された。

当初、バグダード奪還作戦のため一九一七年六月にオスマン第六軍・第七軍、およびドイツ・アジア兵団▲で編成された稲妻混成軍は、パレスチナ・シリア・イラク戦線を担当する大規模な軍隊となり、司令官はファルケンハイン▲であっ

に総指揮官となり、一九一三年に陸軍大臣となる。第一次世界大戦では対ロシア戦線司令官を歴任。その後は参謀総長を務め、大宰相となった。

▼稲妻混成軍　イギリス軍の占領したバグダード奪還のために編成されたが、実際はパレスチナでイギリス軍と対峙した。ドイツ軍軍事顧問団に指揮権を委ね、ドイツ兵団とオスマン軍によって編成された大規模な兵力であった。

▼ドイツ・アジア兵団　オスマン軍にはドイツ軍将校が指揮官や参謀長として配属されていたが、これはドイツ兵で構成された部隊である。モンドロス休戦協定(一一頁用語解説参照)により解体された。

▼エリヒ・フォン・ファルケンハイン(一八六一〜一九二二)　ドイツ軍大将。プロイセンに生まれ、清の士官学校教官となり義和団事件(一九〇〇〜〇一年)に出動。ドイツ軍総参謀長をへて、オスマン軍軍事顧問団長、稲妻混成軍の指揮官となるが、イギリスのアレンビー将軍に敗れ、ザンデルスと交代して帰国した。

た。シナイ戦線にあった第四軍は、司令官兼海軍大臣ジェマル・パシャ▲がファルケンハインの指揮下にはいることを拒んだため、稲妻混成軍には参加しなかった。のち、第四軍司令官が交代となり、稲妻混成軍に編入された。

第七軍司令官に着任したムスタファ・ケマルは、九月二十日付で、大宰相タラートおよび陸軍大臣兼総参謀長代理▲宛の報告書を提出した。現状のオスマン軍では軍事的優位への転換をはかることはできないため、国家および軍の体制刷新を要求する主旨であった。とくにドイツ軍人であるファルケンハイン司令官が、ドイツの植民地政策の一環として、アラブ遊牧部族の対応などオスマン帝国のシリア統治に干渉していることから、「ドイツ軍人の任務は軍務のみに限定すべき」と述べ、オスマン政府および軍の高官がドイツ軍事顧問団のもとにあることを強く批判した。さらにイギリス軍の攻撃を受けて稲妻混成軍はまったく戦闘能力に欠けていることも指摘した。この政府首脳批判の報告書を理由にムスタファ・ケマルは第七軍司令官を解任され、第二軍司令官にもどされた。しかし、彼はこの命令を拒否したため、十月に前線での任務を解かれて総参謀本部付とされ、イスタンブルに召還された。

▼アフメト・ジェマル・パシャ（一八七二〜一九二二）　オスマン帝国末期の軍人・政治家で、「統一と進歩委員会」幹部。タラート・パシャ、エンヴェル・パシャとともに三頭政治をおこなう。第一次世界大戦時は海軍大臣であったが、シリア総督兼第四軍司令官としてシナイ戦線にあった。敗戦前海外に逃亡し、アフガニスタン軍建造に関与した。のちジョージアのトビリシでアルメニア人に暗殺された。

▼陸軍大臣兼参謀総長代理　この報告書には職名のみで名前が書かれていないが、エンヴェル・パシャのことである。あえて名前を書かなかった。

ヴァフデッティン随行と前線復帰

閑職に追われたムスタファ・ケマルは、一九一七年十二月から翌年一月まで、スルタン後継者であるヴァフデッティン▲のドイツ公式訪問の随行員として、ドイツ総参謀本部やアルザス地方を視察した。この随行の機会に、ムスタファ・ケマルはヴァフデッティンにオスマン帝国の惨憺《さんたん》たる現状を伝え、スルタンになった暁には帝国救済に努力すべきと進言し、そのときは協力を惜しまないことを約し、二人の関係は親密なものとなった。その翌年六月、彼は病気療養のためにウィーンに近いボヘミアの温泉地カールスバートで過ごした。

一九一八年七月、スルタン、メフメト五世▲が崩御し、ヴァフデッティンがメフメト六世として即位した。新スルタンはただちにムスタファ・ケマルに帰国を命じた。彼は療養先から八月初めイスタンブルに帰還し、同月半ばには病をおして第七軍司令官に復帰し、パレスチナ戦線にもどった。スルタンは、そののちムスタファ・ケマルに侍従武官▲の称号を与えている。

ムスタファ・ケマルは、十月には稲妻混成軍のオスマン軍グループ司令官を兼任した。稲妻混成軍の司令官は彼と旧知のザンデルスに交代していたが、す

▼ヴァフデッティン・エフェンディ（一八六一～一九二六）　ムラト五世、アブドゥルハミド二世、メフメト五世の弟。オスマン帝国最後のスルタン、メフメト六世となる。廃位後ヨーロッパに亡命し、ダマスクスに埋葬された。

▼メフメト五世（一八四四～一九一八）　アブドゥルハミド二世の弟。名前のレシャトで呼ばれることが多かった。ビザンツ帝国を滅ぼしたメフメト二世にあやかって、メフメト五世と名づけたといわれる。

▼侍従武官　スルタンの側近の名誉武官職。ムスタファ・ケマルは一九一八年九月二十一日付でスルタンから授与された。

でにイェルサレムはイギリス軍に占領されていた。ナブルスに司令部をおく第七軍を中央に右翼にジェヴァト・パシャの率いる第八軍、左翼にメルシンリ・ジェマル・パシャの第四軍が配されていた。

一九一八年九月、アレンビー将軍の率いるイギリス軍はアラブ勢力と協調して、シリアの稲妻混成軍に攻撃を開始し、十月にダマスクス、さらにアレッポを占領した。戦闘能力を失った稲妻混成軍は敗走を続けたが、ムスタファ・ケマルは第七軍の残存兵力を結集してアレッポの北に防御線を構築し、イギリス軍とアラブ勢力のアナトリア侵攻を阻止した。

第一次世界大戦の終結とオスマン政府

一九一八年十月、タラート・パシャ内閣は総辞職し、総参謀長イゼト・パシャが大宰相に任じられ、新内閣が成立した。親英的な海軍大臣ラウフは密かにイギリスと休戦交渉し、十月三十日モンドロス休戦協定が調印された。協定にはイギリス悲願のダーダネルス・ボスポラス両海峡の解放と動員解除、同盟国との関係断絶が決められた。ドイツの軍事顧問団とアジア兵団は任務を解かれ

▼ジェヴァト・シャキル・チョバンル（一八七〇～一九三八）　陸軍士官学校、陸軍大学を首席で卒業。陸軍大学長官などを歴任し、各方面の前線で戦う。パレスチナ戦線の軍司令官をへて、イスタンブルの陸軍大臣、総参謀長となるが、イギリスによりマルタに抑留された。

▼メルシンリ・ジェマル・パシャ（一八七五～一九四一）　前出の海軍大臣ジェマルではない。メルシン生まれ。陸軍大学出身で、第二軍所属第八軍団を指揮し、ムスタファ・ケマルと対ロシア戦のため東部アナトリアに移動。その後スエズ運河攻撃作戦に従事するも敗北し、第四軍司令官となった。

▼防御線　ムスタファ・ケマルはアナトリア南辺を通る鉄道線を敵がこえないように軍を展開した。今日のシリア国境とほぼ同じである。

▼ヒュセイン・ラウフ・オルバイ（一八八一～一九六四）　タラート・パシャ内閣崩壊後の海軍大臣で、ブレスト・リトフスク講和会議代表団の一員。モンドロス休戦会議代表。第一次世界大戦前、エーゲ海や地中

たため、稲妻混成軍の指揮権はザンデルスからムスタファ・ケマルに継承された。しかし、十一月七日には、稲妻混成軍および第七軍に解散命令が出された。ムスタファ・ケマルは、残存稲妻混成軍の指揮権を第二軍司令官ニハト・パシャ▲に託して、十一月十三日、イスタンブルに帰還した。このとき、イスタンブルのハイダルパシャ駅からマルマラ海をヨーロッパ側にわたるとき、占領軍の軍艦が港いっぱいに投錨している状況を見て「来たときのように、引き揚げるべきだ」と名言を残した。戦勝国は因縁のダーダネルス海峡を通過し、入口のチャナッカレとイスタンブルを占領したのであった。

イスタンブルには主としてイギリス軍の兵士が上陸し、スルタンの地位保全や少数民族保護を宣言したが、占領軍は議会を制圧・閉鎖し、議員を拘束してマルタ島に送致監禁した。さらに、一九一八年十二月から翌年一月にかけて、イギリス・フランス軍部隊はアナトリアの主要都市に進駐した。一方、十一月からカフカスのオスマン軍は引き揚げ、カフカスにはジョージア、アルメニア、アゼルバイジャンの共和国群が成立した。

オスマン帝国に対する戦勝国の武装進駐に抗議して、各地でオスマン正規軍

海で功績をあげた。一九一九年イスタンブルを脱出し、ムスタファ・ケマルと合流して祖国解放運動に従事した。二二年七月から一年間アンカラ政府首班を務め、ローザンヌ条約締結後辞任し、進歩主義者共和党結成に尽力した。イズミル事件で死刑判決を受け、国外に亡命したが、一〇年後許されて帰国。三九年以降は国会議員として活動した。

▼モンドロス休戦協定　オスマン帝国の第一次世界大戦終結協定。一九一八年十月三十日にオスマン帝国政府代表海軍大臣ラウフと連合国代表イギリスのカルソープ提督が、リムノス島のモンドロス(ムズロス)港内のイギリス戦艦アガメムノン艦上で調印した。

▼ニハト・パシャ(一八七八〜一九五四)　第四軍、第三軍をへてイスタンブルの参謀本部に異動。バルカン戦争に従軍して戦功をあげるが、ブルガリアの捕虜となる。その後帰国し、第一次世界大戦では第二軍参謀長としてチャナッカレで戦い、のち第二軍司令官となりアダナ州知事も兼任する。祖国解放戦争に従軍し、アンカラ選出の議員にもなった。

の抵抗活動がおこなわれた。モンドロス休戦協定調印時、モスル周辺に配備されていた第六軍の司令官アリ・イフサン・サビス・パシャ▲は、現地での武装解除を拒否し、シリア北部鉄道線路を確保するため、シリア北方のヌサイビンにも展開し、シリア北部戦線をも確保した。アダナではムスタファ・ケマルの陸軍大学の同級生であるアリ・フアト・パシャ▲が元稲妻混成軍の第二〇軍団を率いて守備にあたっていた。この部隊はのちにアンカラへ移動し、祖国解放戦争の重要な兵力となった。また、キャズム・カラベキル・パシャ▲の率いるエルズルム駐屯第一五軍団も武装解除を拒否して戦闘体制を維持し、東アナトリアの防衛を担っていた。

一方、イスタンブルの総参謀本部勤務となったムスタファ・ケマルは、大宰相イゼト・パシャの戦勝国への軟弱な対応を強く非難して、政治活動の開始を決意し、同志を集めて行動を開始した。

パリ講和会議

第一次世界大戦の戦勝国はパリにおいて講和会議を開催した。そこでは、敗

▼アリ・イフサン・サビス（一八八二～一九五七）　イスタンブル生まれ。陸軍士官学校を主席で卒業。第一次世界大戦でカフカス、イラク戦線の軍団司令官としてヴァン、トビリシ奪還をはたし、第六軍司令官となりモスル周辺を防衛する。戦後イギリス軍の進駐を拒否するが、イスタンブルの政府の命令でヌサイビンに移動、モスルはイギリス軍に占領された。その後、アナトリアに進駐したイギリス軍にコンヤで捕らえられ、マルタに送られるが、解放され祖国解放戦争に従軍。第一軍司令官となるが、大攻勢直前、ムスタファ・ケマルと対立し退役した。

▼アリ・フアト・ジェベソイ（一八八二～一九六八）　ムスタファ・ケマルとは士官学校以来の友人。陸軍大学時代には、ともに軍法会議にかけられた。一九一九年、第二〇軍団を率いてアンカラにはいり、ムスタファ・ケマルの活動を援助した。祖国解放戦争の西部戦線指揮官ののち、アンカラ政府のモスクワ代表となる。進歩主義者共和党結成に参加。

▼キャズム・カラベキル（一八八二～一九四八）　陸軍士官学校卒業後、

戦国のドイツ、オーストリア・ハンガリー、ブルガリア、オスマン帝国の戦後処理が検討された。その結果講和条約として、戦勝国は一九一九年六月にドイツとヴェルサイユ条約を、九月にはオーストリアとサン・ジェルマン条約を、十一月にはブルガリアとヌイイ条約を締結した。オーストリア・ハンガリー二重帝国の分割で生じたハンガリーとは、遅れて翌二〇年六月にトリアノン条約を締結した。

しかし、オスマン帝国の戦後処理は他に比べて遅れていた。大戦中の一九一六年、イギリス・フランス・ロシア間のサイクス・ピコ協定▲で秘密裏に、オスマン帝国の分割が決定されていた。ロシアの敗戦離脱によってこの秘密協定は暴露されたが、戦後処理はこの協定が土台とされた。アラブ地域はイギリス・フランスで分割統治し、アナトリアはイギリス・フランス・イタリア・ギリシアが勢力圏を確保し、東部はアルメニアが独立する方向で分割協議が進められていた。各国間の利害の調整のため、オスマン帝国との講和条約の最終的原案の作成は、二〇年のイタリアにおけるサンレモ会議(四六頁参照)終了まで続いた。

「統一と進歩委員会」に加入。三・三一事件で「行動軍」参謀を務める。軍務に専念し、第一次世界大戦ではエルズルム第一五軍団司令官となった。祖国解放運動にも参加し、対アルメニア戦で勝利しギュムリュ条約を締結した。進歩主義共和党創設に尽力し、イズミル事件で失脚するが、のち復権し国会議長となった。

▼サイクス・ピコ協定（一九一六年）　イギリスのサイクス、フランスのピコがロシア代表とオスマン帝国分割勢力範囲（左図）を決めた秘密協定。

②—祖国解放への道のり

祖国解放運動の始まり

一九一九年初め、ギリシアの首相ヴェニゼロス▲は講和会議で、ギリシアへの西部アナトリアの割譲をオスマン政府に認めさせるよう、軍事的圧力をかけることを主張し、イギリス・アメリカ・フランスの同意をえることに成功した。三国の艦隊の支援を受けてギリシア艦艇がイズミル沖に派遣され、五月十五日ギリシア軍は、ギリシア正教徒やユダヤ教徒が多数居住するイズミルに上陸した。オスマン政府が占領軍への抵抗を禁じたため、現地のオスマン軍はギリシア軍の武装解除に応じたが、トルコ系住民には抵抗する者もあり、新聞記者ハサン・タフシン▲は上陸するギリシア軍の軍旗に向かって発砲して意思表示した。

イズミルを占領したギリシア軍は在地のギリシア正教徒の歓迎を受けた。一方で抵抗するトルコ人に対して激しい弾圧を加えたため、多くのトルコ人が難民としてイズミルを離れた。さらに、ギリシア軍が内陸への侵攻を始めると、エフェ▲と呼ばれる地方人士が中心となり武器を入手して、ギリシア軍に抵抗し

▼エレフテリオス・ヴェニゼロス（一八六四〜一九三六）　クレタ島生まれのギリシアの政治家。断続的に一二年間首相を務め、アナトリア派遣軍を陣頭指揮したが、トルコ解放戦争に敗れた。帰国後も首相を務めたが経済混乱を抑えられず、国外に逃亡した。

▼ハサン・タフシン（一八八八〜一九一九）　サロニカ生まれのジャーナリスト・愛国者で祖国解放運動のシンボル的人物。サロニカでムスタファ・ケマルと同じ小学校に入学し、「統一と進歩委員会」の奨学生としてソルボンヌ大学に学び、イタリア軍のリビア上陸に反対してエジプト留学生と集会を開く。一九一六年、ルーマニア経由で帰国し、イズミルに住み、『人権』紙を発行。愛国者ハサン・タフシンと署名する。一九一九年五月十五日朝、上陸したギリシア軍の軍旗に短銃で発砲、旗手を倒したが、自身も兵士の集中砲火をあび、三一歳の生涯を終えた。

▼エフェ　任侠自治集団。義理・人情に篤い地域の有力者。義勇軍を編成し民衆を守り、対外者に抵抗した。

た。彼らは一〇〇人程度の規模の複数の武装グループをつくり、各地でパルチザン活動を始めた。そして、占領軍およびこれに協力するアナトリア在住のギリシア正教徒と戦った。

これよりも前の一九一八年であるが、モンドロス休戦協定締結直後に南部アナトリアに進駐を開始したフランス軍と、これに協力したアルメニア人▲に対してオスマン軍の将校の組織した武装グループが抵抗運動を起こした。

このようなトルコ人の占領軍に抵抗する武装勢力は、のちに国民軍▲(クワイ・ミッリ)と総称されるようになった。しかし、その構成や活動形態・開始時期はさまざまであり、各地で独自の活動をしていた。のちにアンカラにトルコ大国民議会▲政府が樹立されると、国民軍は政府の指揮下に統合され、さらに正規軍▲に吸収された。

このような地方の混沌とした状況に対して、オスマン帝国のスルタン政府を監督するためイスタンブルに開設された戦勝国占領事務所▲のイギリスとフランスの高等弁務官は、政府にさまざまな要求を出していた。そして「東部アナトリアにおいてオスマン軍の武装解除がおこなわれず、キリスト教徒の安全が保

▼アルメニア人　一般的にアルメニア使徒教会キリスト教徒を示すが、カトリックに改宗したアルメニア・カトリック教徒も含む。

▼国民軍　自発的にアナトリア各地でトルコ人によって結成された非正規武装集団。外国の占領軍やその同調者に攻撃を加えた。

▼トルコ大国民議会　トルコ人の住むアナトリアとルメリーの地を示すトルコ(テュルキイェ)を大国民議会の冠称とした。

▼正規軍　キャズム・カラベキルやアリ・フアトらの旧オスマン軍がそのままアンカラ政府正規軍として活動した。

▼戦勝国占領事務所　休戦協定で戦略地点の戦勝国の占領が認められたことにより、ミリン将軍指揮下のイギリス軍、フランシェ・デスペライ将軍指揮下のフランス軍がアナトリア各地に展開した。これらをイスタンブルに駐在するイギリスの高等弁務官カルソープ提督が統括した。

障されていない、ただちにしかるべき対応をおこなうよう」通告した。これに対して、メフメト六世は、東部アナトリアの治安を安定させるため、スルタン侍従武官ムスタファ・ケマルを、東部六州のオスマン軍を統括する第九軍監察官▲に任命し現地へ派遣した。

ムスタファ・ケマルは幕僚のレフェト（ベレ）大佐、キャズム（ディリキ）大佐、レフィキ博士（のちの首相レフィキ・サイダム）、メフメト・アリフ、ヒュスレヴらとともに、蒸気船バンドゥルマ号でイスタンブルを出港し、一九一九年五月十九日にサムスンに上陸した。サムスンから内陸のアマシアに移動中に、武装解除せず残っていたアンカラ駐屯第二〇軍団司令官アリ・ファアト、およびエルズルム駐屯の第一五軍団司令官キャズム・カラベキルらの祖国解放運動への協力を取りつけた。さらにイスタンブルを脱出した元海軍大臣ラウフと合流した。アマシアにはいったムスタファ・ケマルは祖国解放運動についてさまざまな情報を集め、運動の方向性を決めた。

▼第九軍監察官　オスマン政府は東部アナトリアを管轄する第九軍の司令官にムスタファ・ケマルを任命したが、敗戦国で軍備解体したため軍司令官を任命できず、監察官の名称を使用した。のち第三軍に変更。

国民権利擁護委員会

ムスタファ・ケマルが、祖国解放運動の基盤としたのは、当時各地に結成された国民権利擁護委員会であった。六月になって、彼は第三軍(第九軍を改称)監察官兼スルタン侍従武官として、東部アナトリアの諸州に対して「東部諸州国民権利擁護委員会が県単位で存在するか、組織者は誰であるか、周辺の州でも同様な組織が存在するか」と電報で問い合わせている。

この時エルズルムには、すでにライフ▲を支部長とする東部諸州国民権利擁護委員会エルズルム支部ができていた。ライフはこの委員会の創設事情について、東部アナトリア諸州にアルメニアを建国する運動が始まったことに憂慮してイスタンブルに赴き、アルメニア人の独立運動によって多くのムスリム民衆が窮状に陥っていることを新聞発行人などの友人に訴えた。そして東部諸州を分割せずトルコ人の土地として確保するための組織である「東部諸州国民権利擁護委員会」を結成したと述べている。ライフはエルズルムにもどり、東部アナトリアの各州に支部をつくり、全体集会として東部諸州会議をエルズルムで開催する活動をおこなっていた。

▼**ホジャ・ライフ・ディンチ**(一八七四〜一九四九)　東部諸州国民権利擁護委員会の創立者で、エルズルム会議の代表の一人。国民議会で宗教とスルタン・カリフの重要性を主張した。

▼**「国民誓約」**　ムスタファ・ケマルの「アマシア回状」にもとづき祖国解放運動にあたって国民に約束し、オスマン帝国議会で承認された。祖国の統一・不分割が骨子。

▼**「アマシア回状」**　ムスタファ・ケマルが作成・発表した、「国民誓約」の基本となる祖国解放の基本方針。

ムスタファ・ケマルは当初、国民権利擁護委員会の全国会議をシヴァスで開催することを考えていたが、エルズルム駐屯のキャズム・カラベキルから前述の東部諸州国民権利擁護委員会の会議をエルズルムで開催することを優先すべきと伝えられたため、このような状況を把握し、まずエルズルム会議を開き、その後シヴァス会議を開催することを決定した。一九一九年六月に国土の統一・不分割を謳《うた》う「国民誓約」▲の精神を含み、各地の国民権利擁護委員会を糾合して、祖国解放運動を展開する方針の「アマシア回状」▲をスルタン侍従ジェヴァトに通告した。内容は、次のとおりであった。

祖国の統一性と国家の独立は危険な状態にあり、イスタンブル政府が戦勝国の通告をそのまま受け入れるならば、わが国は滅亡するであろう。国家の独立を確立し、国家に必要な問題や条件を明らかにし、独立国としての権利を声高く世界に主張すべきである。このため、すべての外部からの圧力や管理を排除し、国民を代表する組織を樹立するため、あらゆる観点からもっとも安全であるアナトリアのシヴァスで会議の開催を決定する。この会議に参加する全国のすべての県から国民の信頼をえた三人の代表を可能なかぎり短期間で選出する。国民的要求として、各代表は必要に応じてすべての妨害を排除して集合する。シヴァス会議を開催する先行活動として、東部諸州の名のもとに七月十日、エルズルムで会議を開催する。シヴァス会議へ全土の地方代表が集合するのであるから、東部諸州の代表であるエルズルム会議の参加者もまたシヴァスの総会に参加する。

そして、ムスタファ・ケマルはアマシアを離れてエルズルムに移動し、キャズム・カラベキルたちとエルズルム会議の進行について検討した。議長にムスタファ・ケマル本人が選出され、会議後に代表団▲を結成し全体会議であるシヴァス会議の運営を担当することを決めた。

一方、イギリスの高等弁務官はムスタファ・ケマルの行動に危険を感じ、イスタンブル召還を要求したが失敗し、エルズルム駐在のイギリス軍将校に会議の不成立を工作させたがこれも失敗した。イスタンブルの政府の大宰相ダマト・フェリト・パシャ▲はムスタファ・ケマルが政府への反抗活動をしているとの理由で、彼を第三軍監察官から罷免することを決定した。しかし、ムスタファ・ケマルはこれに先立って第三軍監察官を辞任し、一九一九年七月八日に軍

▼**代表団**（ヘイェティ・テミスリイエ）　ルメリー・アナトリア国民権利擁護委員会の中央委員によって構成される。ムスタファ・ケマルが同委員会の議長をもって、この代表団の代表となり、同委員会の全権を把握した。彼は当初、「権利委員会代表団の名をもって」と署名していたが、しだいに「代表団」と署名するようになった。

▼**ダマト・フェリト・パシャ**（一八五三〜一九二三）　メフメト六世の同母姉と結婚しダマト(女)の称号をもつ。外交官・政治家。失政による蟄居中にメフメト六世によって再登用され大宰相になり、セーヴル条約に調印した。のちに国外追放となった。

籍からも離脱した。

エルズルム会議

エルズルム会議は、憲法復活の日を記念して一九一九年七月二十三日から八月七日まで、国民権利擁護委員会の東部諸州の会議として開催された。会議には、東部六州のエルズルム、シヴァス、ビトリス、ヴァン、ディヤルバクル、エラズィおよびトラブゾン州から五六人の代表が参加した。この会議で、エルズルム州代表のムスタファ・ケマルが議長に選出された。祖国解放運動の方針が決定し、会議の最終日に発表された。概略は次のとおりである。

一、東部六州およびすべての州はオスマン帝国から分離することはない。
二、オスマン国民の祖国の全体性および独立性を確保し、スルタンとカリフを擁護するため国民の軍をもち、国民主権を確立する。
三、すべての占領状態やギリシア的・アルメニア的なものから祖国を防衛するために力をもって対抗し、キリスト教徒に新しく与えられる特権を排除する。
四、政府が現在の事態を放置するならば、スルタン・カリフを擁護して、国民の権利を確保するために行動することを決意する。
五、祖国に従来から生活していた非ムスリムは法的にも保護され、生命・財産・名誉の保全を保証される。
六、モンドロス休戦協定の調印日一九一八年十月三十日の国境内に残ったすべての領土と同じように、アナトリア東部州のイスラーム文化・経済を共有するムスリム同胞は宗教的・社会的に一体化しており、分離分割をいっさい認めないことを連合国に告知する。
七、わが国民が人間性・近代性を求めていくことは至上の問題である。科学・産業・経済の向上は欠くことのできないものであり、これらの育成のためいかなる国家からも援助を受け入れる。
八、国民の運命の決定にイスタンブルの政府が関与することは歴史的に判断して、これを否定する。国民の利益を代表する国民議会を早急に樹立して、すべての決定を議会に委託すべきである。
九、祖国を蹂躙《じゅうりん》するものに対抗するために、内から共通認識を結集して政治党派ではない「東部アナトリア国民権利擁護委員会」が誕生した。すべての祖国民であるムスリムがこの構成員である。

一〇、会議において代表団が選出・承認された。すべての村から州にいたる国民組織が広く統合され、活動を開始した。

第一〇項により、エルズルム会議の決定事項を執行する機関として東部諸州国民権利擁護委員会の代表団が選出された。ムスタファ・ケマルは、「私は代表団に選出され、この代表団から公式に選出された代表として、シヴァス会議に参加する用意がある」と演説した。そして彼を筆頭代表として、元海軍大臣ラウフ、元トラブゾン選出議員イゼトとセルヴェト、東部諸州国民権利擁護委員会創設者ライフ、元ビトリシ選出議員サドラッフ、元トラブゾン州知事ベキル・サミ▲、ナクシュバンディー教団▲長老アフメト・フェヴズィ、ムトイデ遊牧部族長ハジ・ムサの九人が代表団に選出され、エルズルム州知事に名簿がわたされた。会議ではほかにキャズム・カラベキルなど三人ほどが選出されていたが、軍籍の関係で名簿には載せられなかった。この代表団の一部がシヴァス会議の執行機関として送り込まれたのである。

▼ベキル・サミ・クンドゥク（一八六七〜一九三三）　エルズルム会議でシヴァスにいたが代表団に選出され、ボリシェヴィキとの交渉のためモスクワに派遣された。そののち一九二一年のロンドン会議に代表として参加するなど、アンカラ政府の外交を担当する。イズミル事件で逮捕されるが無罪となった。

▼ナクシュバンディー教団　イスラーム神秘主義（スーフィー）の教団（タリーカ）。十二世紀頃、中央アジアに成立したが、十四世紀にバハー・アッディーン・ナクシュバンドが出現し、彼の名をとってナクシュバンディー教団となった。厳格なスンナ主義、シャリーア主義であり、心のジクル（黙誦）によって神との合一を求め、修行を禁じ民衆の心の鍛錬を主張した。アナトリアには十六世紀頃に広まった。

シヴァス会議のメンバー　前列左からレフェト、ラウフ、ムスタファ・ケマル、ベキル・サミ。

シヴァス会議

一九一九年九月四〜十一日までシヴァス会議が開催された。「アマシア回状」のなかで述べられた、オスマン帝国のトルコ人ムスリムの居住地を確保するための会議であり、全アナトリアおよびルメリーの各地のトルコ人代表が参加し、全国の祖国解放運動組織を「アナトリア・ルメリー国民権利擁護委員会」(以下国民権利擁護委員会)に統合する会議でもあった。エルズルム会議が東部諸州のみを対象としたのに対して、シヴァス会議は東部諸州を核とした国民権利擁護委員会の全国大会であった。しかし、イスタンブルの政府のさまざまな妨害工作により、代表のなかには開催後になってシヴァスに到着した者や到着できなかった者もあった。そのため代表を派遣した州の数は定かではなく、三一とも四一ともいわれている。

シヴァス会議でも、ムスタファ・ケマルは議長に選出された。彼の提案により綱領が作成されたが、これはエルズルム会議の綱領の「東部諸州」を「全国」にする字句修正がなされたものであった。エルズルム会議と同様にムスタファ・ケマルがシヴァス会議でも代表団の筆頭に選出された。ここにおいて、ムスタファ・ケマルは生涯にわたる指導者として強大な権力の根拠を手中におさめたのである。

シヴァス会議で、統合された国民権利擁護委員会が全国の村から州までの各段階に組織をつくることも決定した。そして、会議の最終日にムスタファ・ケマルは代表団の名をもって、この会議の代表団が国民権利擁護委員会の中央委員会となり、ルメリー・アナトリアの各州の委員会は統合されて国民権利擁護委員会の支部になるという声明を発表した。

アマシア会談

シヴァス会議の成功は、国民権利擁護委員会の執行機関であるムスタファ・ケマルの率いる代表団が、イスタンブルの政府とは異なるオスマン帝国の権力機構を確立したことを示した。軍事的にもオスマン正規軍の少なくとも二個軍団を確保していた。ムスタファ・ケマルは、イスタンブルの政府がエルズルム会議およびシヴァス会議の決定に拘束されること、庶民院が召集されるまで政府は重要案件を決定できないこと、官僚の任命は国民権利擁護委員会の代表団の承認をえなければならないことを通達した。すなわち、オスマン帝国議会の役割を国民権利擁護委員会が代行すると主張したのである。

一方、イスタンブルの政府の弱体化は、戦後処理にあたる戦勝国にとっても憂慮すべき事態であった。大宰相ダマト・フェリト・パシャの権力は、イスタンブルとその周辺のみにかぎられていた。そのため、ダマト・フェリト・パシャ内閣は戦勝国との交渉に行き詰まり、総辞職した。

一九一九年十月に成立したアリ・ルザ・パシャ▲内閣は、アナトリアとルメリーを実質的に支配する代表団との交渉を開始し、十〜十一月にかけて海軍大臣サリフ・パシャ▲がアマシアに派遣された。このアマシアの会議において、まずイスタンブルの政府は国民権利擁護委員会を合法的組織として承認した。代表団は国民権利擁護委員会を庶民院の代行機関とするために、庶民院をイスタンブル以外で開催するよう提案したが拒否された。他に検討された要求項目としては、庶民院を臨時に召集してシヴァス会議の決定を議題とすること、トルコ人の多数居住する地域の外国軍の占領は認めないこと、非ムスリムとトルコ人の集団的均衡をくずさないこと、戦勝国との和平交渉で国民権利擁護委員会の

▼アリ・ルザ・パシャ（一八五九〜一九三二）　オスマン軍人・政治家。陸軍大臣・海軍大臣を歴任し、親英的立場で第一次世界大戦終結工作に従事した。一九一九年、大宰相となり、国民権利擁護委員会と接触。これらと国民軍をイスタンブル政府側につかせて挙国一致政策をめざすが失敗した。祖国解放運動には批判的であった。

▼サリフ・フルシ・ケズラク（一八六四〜一九三九）　イスタンブルの生まれ。陸軍大学卒業後、一九一九年に海軍大臣に就任し、アリ・ルザ内閣としてアンカラ政府と交渉。二〇年三月に元帥に昇進し大宰相となるも、イギリス軍のイスタンブル占領により二八日間で辞任。二一年のスルタン制廃止にともない政界から退いた。

代表団に重要な役割を与えることなどがあった。

アンカラでの活動

一九一九年十二月、ムスタファ・ケマルは代表団の中央委員の一部とともに、アンカラに移動した。シヴァスを出発した彼は、途中カイセリでアルメニア人学校を含めていくつかの学校を訪問し、さらに、ハジベクタシュでアレヴィー▲やベクタシュ教団▲と接触したのち、二十七日にアンカラにはいった。

ムスタファ・ケマルのアンカラ入りは、オスマン朝に対抗する権力の樹立を想定するものであった。アンカラの周辺にセルジューク朝時代から存在するアシレット▲（遊牧共同体）の成員が、騎馬隊を編成して彼のアンカラ入りを盛大な儀式で迎えた。また、アンカラの自衛集団であるセイメン▲も大規模な行進をおこなった。セイメン集団は、一九〇八年に憲法復活がなされたとき、オスマン体制の変化を歓迎して、大規模な儀式をおこなった経緯があった。すなわち、アシレットやセイメンの行動は、オスマン朝とは異なった権力の誕生を認めて、これを推戴する遊牧民族の伝統的行為であったと思われる。これらの勢力を背

▼アレヴィー　アラウィーともいう。シーア派の一派で、トルコでは中央アナトリアに広く分布し、比較的穏健であり、伝統的に改革派・世俗派に協調する。

▼ベクタシュ教団　神秘主義教団の一つ。アナトリアに来たハジ・ベクタシュが始祖。イェニチェリと結び勢力を拡大したが、イェニチェリ廃止により弾圧される。イスラーム以前のトルコ的伝統やキリスト教的要素をもち、イスラーム正統派にはない自由な行動様式で知られる。アルバニアなどバルカン地方にも浸透した。

▼アシレット　遊牧民の部族組織。オスマン時代、アナトリアなどに一部定住するも、遊牧生活を続ける騎馬集団。

▼セイメン　アンカラの伝統的任侠集団。

景に、イギリス・フランスの占領軍の駐屯するなか、アンカラ要人たちの準備した住民総出の歓迎式典が厳しい寒さのなか挙行された。

アンカラ市内には規模の大きな建物がなかったため、ムスタファ・ケマルは郊外のケチョウレンにある農学校を執務の拠点とした。そして、彼は全土の公的組織に対して「現時点の代表団の本部はアンカラである」との電報を送った。

なおアンカラが首都となったのは、一九二三年十二月十三日に大国民議会で可決した「アンカラ市が新しいトルコ人国家の中心となることに関する法律」によるが、この法案は当時の外務大臣イスメト(第二代大統領、五〇頁用語解説参照)が提出したもので、トルコ共和国成立以前にすでに成立している。なお一八七六年制定のオスマン帝国憲法ではイスタンブルが首都として定められている。そして、一九二四年四月発布の通称トルコ共和国憲法の第二条では「首都はアンカラである」とされ、八二年制定の現行憲法では第三条で定められている。

一九一九年十二月、メフメト六世は庶民院の選挙を通達した。ムスタファ・ケマルは、エルズルム州から代議員に選出された。彼はオスマン帝国議会を代表団の影響下におくためイスタンブルへ向かう議員に、事前にアンカラに立ち寄って代表団と予備協議をおこなうよう要請し、そこで以下の項目を受け入れることを強く求めた。

一、議事運営はすべて国民権利擁護委員会によって進行される。
二、議長にはムスタファ・ケマルを選出する。
三、シヴァス会議の決定事項を承認する。
四、祖国解放運動の基本方針となる「国民誓約」を承認する。

一九二〇年一月、イスタンブルに召集されたオスマン帝国議会の庶民院開会時の登院者は、選出議員一六四人のうち七二人であった。ムスタファ・ケマルは逮捕の危険を察知し、病気を理由にアンカラにとどまったため、議長に選出されなかった。しかし、代表団の主張する「国民誓約」は承認された。

「国民誓約」は、

①アラブ地域など休戦協定の時点で敵に占領された地域は自由投票で帰属を決めるが、それ以外の地は宗教的・民族的・血統的一体性をもつムスリム・オスマン人の居住地域はいかなる理由によっても分割できない一体性をもつ。

②ロシア軍から解放された東部アナトリアは住民投票をおこなうことを受け入れる。
③西トラキアは自由投票によって帰属を決める。
④イスラーム・カリフとオスマン・スルタン位の玉座のあるイスタンブルの安全は保護され、これが保証される条件でボスポラス・ダーダネルス海峡は全世界の商船に開放する方向で諸外国と協議する。
⑤国内の少数民族の権利は近隣諸国のムスリム大衆が同じ権利をえる条件で保証する。
⑥われわれは、他の諸国と同じように自由と独立を必要としている。
との内容で、①の国土不分割が大きな柱となっている。

アリ・ルザ・パシャ内閣がアンカラの代表団をイスタンブルの政府に取りこもうとして開催したこのオスマン帝国議会は、逆に代表団の力を強めることになった。さらに承認された「国民誓約」の内容は、休戦協定で戦勝国が想定したものとかけ離れていた。この事態を憂慮したイギリス占領事務所は、軍隊を出動させ三月に国会議事堂を占拠した。多くの議員はイスタンブルを脱出し、

▼大国民議会政府　大国民議会が政府を構成し、行政権を握った。議長が首班となる。イスタンブルの中央政府に対してアンカラ政府と呼ばれる。

アンカラに逃れた。その後、四月に勅令をもって、オスマン帝国議会は正式に解散された。

一九二〇年三月アンカラの代表団は、イギリス軍によるイスタンブルの議会占拠を受けて、アンカラに「特別の機能を有する議会」を召集する旨の布告を州知事・自治県長官・軍団長宛に発し、一五日以内に新議会を開会すると宣言した。予定より少し遅れて四月二十三日にアンカラでの議会が開催された。議会は「大国民議会は、今次選出された議員とイスタンブルの庶民院から参加した議員からなる」との決議を最初に採択し、大国民議会の名称をはじめて使用した。議員は、新たに選出された三四九人と「旧」オスマン帝国議会の八八人からなっており、大国民議会はオスマン帝国の庶民院を継承することを明確にした。第一回大国民議会は、翌日にはムスタファ・ケマルを議長に選出し、彼を首班とする大国民議会政府▲(アンカラ政府)を樹立し、オスマン帝国の正統な政府であることを宣言した。

オスマン帝国憲法からすると違憲状態ではあるが暫定政府として、アンカラに国民による政府が樹立されたのである。メフメト六世は、アンカラの代表団の権威を否定し、シェイヒュルイスラーム▲の発した「スルタンとカリフの権力の枠外にある国民勢力は非合法である」とのフェトヴァ▲を官報に掲載した。これを受けて、四月にアンカラ政府は祖国反逆罪法を制定し、「スルタン・カリフの救済者」である大国民議会への反抗は、祖国への反逆であるとした。そして、反逆者に対する裁判をおこない、刑を執行する独立法廷の設置を決定した。これに対してイスタンブルの軍法会議は、五月アンカラ政府の一連の抵抗を理由にムスタファ・ケマルに死刑の判決をくだした。しかし、死刑は執行されることはなかった。

アンカラ政府への反発

ムスタファ・ケマルの指導するアンカラ政府の祖国解放運動の進め方に反発する勢力が国内に台頭した。これらはスルタンへの忠誠からイスタンブルの政府と協調する勢力や少数民族集団などさまざまであった。

イスタンブルの政府はすでに敗戦国として武装解除に応じており、正規軍部隊がないため残存兵力を集めたチェルケス出身のイズミット県長官アフメト・

▼シェイヒュルイスラーム　イスラームの長老を意味する。オスマン帝国では十五世紀後半からイスタンブルのムフティー（八二頁用語解説参照）を指すようになり、中央政府のフェトヴァを発する役職となった。イスラーム最高法官として、イスラーム法官の官職任命権も有した。

▼フェトヴァ　イスラーム法執行者が発する、イスラーム法に適合しているかを判断した布告。

アズナヴルが一九一九年、二〇年の二回にわたり北西部アナトリアでアンカラ政府に対して決起した。また、イギリス軍の支援も受けて編成されたカリフ軍は、二〇年ゲイヴェに進出した。コンヤではスルタン擁護派のデリバシュ・メフメト▲が保守宗教勢力をまとめて蜂起し、さらにアフィヨンでは占領軍と協調しギリシア軍の支援を受けたチョプル・ムサが、カリフ擁護とアンカラ政府の兵役拒否を掲げて立ち上がった。東方では遊牧部族長老マフムトやイスマイルなどが、フランス・イギリスの支援を受けてシイルト周辺で蜂起した。一方、中部アナトリアの有力家系のチャパンオウルは、食糧などの供出や兵力の提供をめぐってアンカラ政府と対立し、ヨズガットで決起した。このようなアンカラ政府に反発する武装蜂起が一九一九年五月から二三年まで各地で発生した。

　またアナトリアのキリスト教徒であるアルメニア人は、講和会議で提起された東部アナトリアでのアルメニア国家樹立を推進する運動を展開し、さらに南部アルメニア人はフランス軍の進出もあって、アダナ周辺に十字軍時代にあったキリキア王国▲の復興を求めた。一方、ギリシア軍のエーゲ海沿岸の占領に呼応して、黒海沿岸のギリシア正教徒はローマ時代のポントス王国▲の復活を計画

▼デリバシュ・メフメト（一八八三〜一九二一）　コンヤの生まれ。一九二〇年五月、イスタンブル政府よりの武装蜂起をおこない、国民軍を攻撃し打撃を与える。コンヤ中心部を制圧するが、十一月になってアンカラ政府の派遣軍により制圧される。フランス軍に保護され、ギリシア軍に加わってコンヤ近郊で蜂起するも民衆によって暗殺された。

▼キリキア王国　アルメニア人がアナトリア南部に移動して建設したキリスト教徒国。小アルメニアともいわれ、十字軍にも協力した。

▼ポントス王国　黒海岸の東部に位置し、アケメネス朝下にあってはペルシア系の属国であった。アレクサンドロス大王死後のディアドコイ戦争後独立したが、前八八年のミトリダテス戦争で滅亡した。ローマ軍の司令官ポンペイウスがポントス王国を復活させ、その後、東ローマ帝国の支配が弱体化すると自立性を強めた。一二〇四年、コンスタンティノープルが十字軍によって陥落すると独立国家としてトレビゾンド帝国となり、東ローマ帝国が滅亡したあ

し、一九一九年十二月に独立を宣言していた。

　これらアナトリア内で起こされたアンカラ政府に対する反抗や少数民族の自立運動は、祖国解放戦争の一環として国民軍やアンカラ政府の正規軍などによってすべて鎮圧された。

セーヴル条約

　一九二〇年四月、オスマン政府にパリ講和会議への招聘《しょうへい》が伝えられた。スルタンは、前大宰相でオスマン帝国の外交官として経験豊富なアフメト・テヴフィキ・パシャ▲を全権代表とする使節団を送った。このイスタンブル政府招聘の報を聞いて、アンカラに召集された大国民議会は、四月末に戦勝国外務大臣宛に、イスタンブルの政府とは別の新政府を樹立したことを伝達した。一方パリに到着したアフメト・テヴフィキ・パシャは講和条件の内容を知って「国家の存在を否定している」との電報をイスタンブルに送り、会議場から退室した。これに対して戦勝国は、イズミル占領中のギリシア軍を内陸へ侵攻させることを通告してオスマン政府に条件受諾を迫り、短期間でバルクエシル、ブルサ、

とも残り、オスマン朝に併合される一四六一年まで存続した。第一次世界大戦後、ギリシア人によるポントス国復活運動がみられたが失敗し、トルコ共和国が独立するとその一部となった。

▼アフメト・テヴフィキ・パシャ（姓オクダイ、一八四五〜一九三六）オスマン帝国の外交官・政治家。クリム・ハンの末裔。外交官として各国をまわり国際感覚が優れていた。スルタンはじめ多方面の信頼も篤く、三・三一事件後にオスマン帝国最後の大宰相となった。大国民議会には同調的であったが、受け入れられなかった。

セーヴル条約でのオスマン帝国領の分割

▼ヒジャズ王国　第一次世界大戦中の一九一五年、預言者ムハンマドの子孫であるシェリフ・ヒュセイン・ビン・アリが、オスマン帝国から独立してヒジャズ王を宣言した。二六年、ネジャドのスルタン、アブドゥルアジズがヒジャズ王を継承したと宣言した。

ウシャクそしてトラキア地方を占領した。これに驚いたスルタンは六月に御前会議を開き、大宰相ダマト・フェリト・パシャを全権代表とする第二次使節団をパリに送ることを決定し、八月パリ郊外のセーヴルで条約に調印した。アンカラの大国民議会政府は、セーヴル条約調印に激しく反発した。

オスマン帝国憲法では、条約は庶民院で審議・議決されたのち、スルタンの決裁により批准されることになっていた。しかし、庶民院は閉鎖されており、条約の審議・議決はおこなえず、当然メフメト六世には送付されなかった。このため、セーヴル条約は、調印はされたもののオスマン帝国では批准されなかった。なお調印国は、イギリス、フランス、イタリア、日本、ベルギー、ギリシア、ヒジャズ王国▲、ポルトガル、ルーマニア、アルメニア、ポーランド、セルビア・クロアチア共和国、チェコスロヴァキアであり、アメリカ合衆国とソヴィエト・ロシアは署名を拒否した。

祖国解放戦争の展開

東部戦線　パリ講和会議で、アルメニア民主共和国▲は、東部アナトリアのア

▼**アルメニア民主共和国**　第一次世界大戦後、カフカスのアルメニア人によって建国されたが、ボリシェヴィキによって滅ぼされた。

▼**ダシュナク派**　オスマン帝国内のアルメニア人の独立運動組織。

ルメニア人が独立国家を樹立することを提案し、これがセーヴル条約で認められた。アルメニア人組織ダシュナク派▲は東部アナトリアでの独立に向けて武装蜂起した。アンカラ政府は「国民誓約」にもとづき、領土の分割はいっさい認めないという立場から、キャズム・カラベキル指揮下のアンカラ政府軍を派遣して東部戦線を構築し、アルメニア人の独立運動に対抗した。アルメニア人はボリシェヴィキ・ロシアやアメリカ合衆国に援助を求めたが、ボリシェヴィキはカフカスの直接支配をめざしていたため、アルメニア人による独立に反対し支援を拒否した。アメリカ合衆国もまた支援を拒否したため、ダシュナク派は根拠地のアルメニア民主共和国の西方まで後退した。

キャズム・カラベキルの軍団は追撃し、一九二〇年十二月ギュミュルで講和条約を締結し、一八七八年のオスマン・ロシア戦争以前の東部国境線を回復した。この条約によってセーヴル条約の理念および大アルメニア構想は否定された。ギュミュル条約締結はアンカラ政府の最初の国際的活動となり、東部国境の確保と領土分割阻止は、大国民議会が「国民誓約」を確実に実行していることを国民に明らかにした。しかし、アルメニア民主共和国は、条約締結の翌日、ボリシェヴィキの赤軍の攻撃を受け滅亡した。ギュミュル条約で定めた国境は、のちにモスクワ条約▲・カルス条約▲で確認批准された。

南部戦線　東南部アナトリアとシリア・メソポタミアは、一九一六年のサイクス・ピコ協定で、マラシュ、アンテプ、ウルファ周辺とモスルおよびシリアをフランスの直接支配地および勢力圏に分割される予定であった。このため、休戦協定が締結すると一九年十一月にフランス軍がこれを根拠に南東アナトリアの都市を占領した。代表団は国土の分割にあたるとして抗議したが、在地のアルメニア人は友好関係にあるフランスの占領軍を歓迎した。一方、マラシュの国民軍は翌年二月、フランス軍への抵抗運動を開始した。

一九二〇年四月に講和会議の一環であるイタリアのサンレモ会議が開かれ、イギリスは石油資源を確保するため、サイクス・ピコ協定でフランスに分割されることになっていたモスル周辺を勢力化に入れ、同時にメソポタミア、シナイ、パレスチナを確保した。一方でイギリスはマラシュ、アンテプ、ウルファ周辺とシリアをフランスが統治下におくことを了承した。これらの項目はセーヴル条約に加えられた。

▼モスクワ条約（一九二一年三月十六日）　アンカラ政府とロシア・ソヴィエト政府の友好条約。

▼カルス条約（一九二一年十月十三日）　アンカラ政府とアルメニア、アゼルバイジャン、ジョージアの友好条約で、国境を画定した。

祖国解放戦争の展開

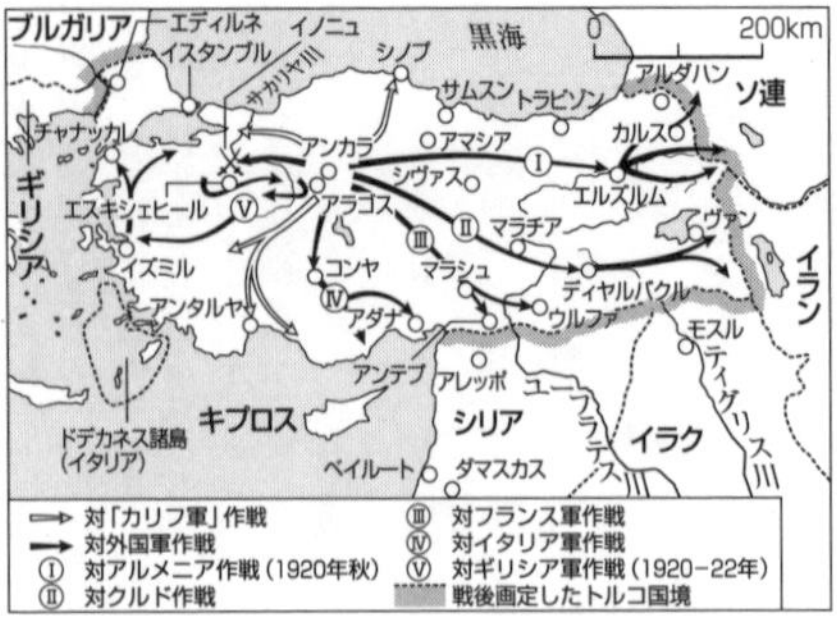

しかし、マラシュでのフランス軍に対する国民軍の抵抗運動が成功し、フランス軍は停戦を求め、二〇年五月までに撤退した。アンテプでは、国民軍が中心となって抵抗運動を進め、多くの戦死者を出したが、二〇年末にフランス軍から解放された。ウルファでは、ジャンダルマ▲指揮官アリ・サイプが国民軍を結成して抵抗をおこない二一年末にフランス軍を完全撤退させた。南東アナトリアのフランス軍は、アンカラ条約(五三頁用語解説参照)締結により完全撤退した。各都市はアンカラ政府から英雄・戦士・栄光の称号を贈られ、カフラマン・マラシュ、ガージ・アンテプ、シャンル・ウルファとなった。

一方、モスルは、石油の生産地としてかつてイギリス・フランス・ドイツが利権獲得に奔走していた。モンドロス休戦協定成立時に、モスルはアリ・イフサン・パシャ率いるオスマン第六軍が確保していた。彼の強い抵抗にもかかわらず、イスタンブル政府はモスルをイギリス軍にあけわたすよう命じ、一九一八年十一月イギリス軍はモスルに無血入城し、南部クルディスタン▲と名づけた地域を占領した。モスルについて、アンカラ政府は「国民誓約」にもとづき、まったく割譲を認めなかった。ムスタファ・ケマルは、モスル問題を解決する

▼ジャンダルマ　内務省管轄の治安担当軍で、警察の役割をはたす。フランスのジャンダルムの形態を導入した。

▼クルディスタン　クルド人の住むところ。トルコ・イラク・シリアにまたがる地域を指す。南部クルディスタンはイギリスが占領したモスル周辺を考慮していた。今日のイラクのクルド自治区を含んでいる。

ために、一九二三年西部戦線でイギリスの支援するギリシア軍に決定的勝利をおさめたのち、軍の総力を東方へ向けた。しかし、クルド人シェイフ・サイト(七三頁参照)の反乱が起きたため、東部アナトリアに派遣された軍隊は反乱鎮圧に投入され、モスル奪還作戦は放棄された。そのため、この地は最終的に二六年にトルコ共和国から分離され、イギリスの委任統治▲下におかれた。

西部戦線　祖国解放戦争のうち、もっとも重要で大規模だったのがギリシア正規軍に対峙した西部戦線であった。前述のように一九一九年五月ギリシア軍はイズミルに上陸し、さらに内陸に侵攻した。アイヴァルク駐屯第一七二連隊長アリ中佐は、武装した民衆とともにギリシア軍を攻撃した。ヨルク・アリなど多くのトルコ人エフェも国民軍を構成して攻撃に参加し、州政庁のあるアイドゥンを一時的であるが奪還もした。

また、「イスラーム的社会主義」思想を背景として、一九二〇年四月国民軍の一つである緑軍▲が結成され、アンカラとエスキシェヒールに本部をおいて左派とされる人たちが活動を開始した。この緑軍にチェルケス・エトヘム▲が、ヨズガットの反乱を抑えた実績をもって参加した。エトヘムの率いる国民軍は西

▼委任統治　国際連盟・国際連合の管理地で、各国が委任されて統治すること。

▼緑軍　アナトリアの解放運動に参加した社会主義思想をもった一団が、イスラーム擁護も掲げ、ムハンマドをあらわす緑を軍旗として結成した。チェルケス・エトヘムの参加により、ムスタファ・ケマルと対立したため消滅した。

▼チェルケス・エトヘム(一八八六～一九四八)　第三軍の下士官として対ゲリラ作戦に従事。西北アナトリアで、祖国解放戦争に国民軍として従事した。緑軍に加入し、その軍事力で中心的存在となり、エスキシェヒールを中心に力をもったが、ムスタファ・ケマルと軍の指導権で対立して敗れ、ギリシア側に寝返った。

ギリシア軍の内陸侵攻

北アナトリアでギリシア軍と対峙した。

アンカラ政府はギリシア軍の内陸侵攻に対し、一九二〇年六月西部戦線を構築し、指揮官にアリ・フワトを任命した。しかし、ギリシア軍の激しい攻撃に苦戦をしいられた。このような戦況下で、国民軍の緑軍を率いたチェルケス・エトヘムがエスキシェヒールにおいて、ムスタファ・ケマルに軍の指導権争いをしかけたため、ムスタファ・ケマルは大国民議会の決定をもって彼を排除しなければならなかった。このようにアンカラ政府軍の弱さも露呈した。

しかし、アンカラ政府軍は兵力を戦線に集中し、イスメト大佐▲(次頁用語解説参照)の指揮した一九二一年一月のイノニュにおける戦いで、ギリシア軍に勝利して侵攻を一時的に阻止した(第一次イノニュの戦い)。アンカラ政府軍の勝利は、戦勝国にセーヴル条約実施の困難性を認識させ、条約遂行のためにロンドンで会議が開かれることとなった。二月にロンドン会議が開催され、オスマン政府とギリシア政府が召集された。会議ではセーヴル条約の批准が強く求められたが、イスタンブル政府代表のテヴフィク・パシャが、真のオスマン政府代表権はアンカラのトルコ大国民議会政府にあると明言したため、イタリア

▼**イスメト・イノニュ**（一八八四〜一九七三）　陸軍士官学校砲兵科出身で、陸軍大学を出てエディルネの第二軍に配属。「統一と進歩委員会」に加入し、ムスタファ・ケマルの軍務専念を支持する。三・三一事件では第二軍とともにイスタンブルに突入した。その後は軍務に専念。第一次世界大戦敗戦時は大佐で、祖国解放戦争にムスタファ・ケマルの副官として従事。イノニュの軍功をもってムスタファ・ケマルから姓を贈られた。ローザンヌ会議全権代表も務め、共和国成立時首相となる。改革運動に尽力し、ムスタファ・ケマルの死後は第二代大統領となった（在任一九三八〜五〇）。その後は共和人民党主として一九七〇年代まで長く活動した。

の仲介でアンカラ政府が会議に招集された。しかし、会議ではアンカラ政府の求める「国民誓約」はまったく考慮されておらず、アンカラ政府代表のベキル・サミは会議に提案された内容の受け入れを拒否した。その結果、ギリシアとの戦争状態は続行した。ギリシア軍は、ロンドン会議阻止とオスマン帝国のセーヴル条約履行のため、再度イノニュ方面でアンカラ政府軍に攻撃を続けた。西部戦線の司令官イスメトは総参謀長フェヴズィ・パシャ▲の支援を受けて、ギリシア軍の攻撃をふたたび撃退した（第二次イノニュの戦い）。しかし、ギリシア軍はブルサおよび南方から侵攻を再開し、イノニュの戦いの功績により将軍に昇進したイスメトのもとに戦線の強化がはかられていたものの、兵力の不足しているアンカラ政府軍は、整然とブルサ周辺から撤退し、サカリヤ川▲の東岸に後退した。キュタヒヤ、エスキシェヒールの二都市を占領したギリシア軍は、サカリヤ川の西に布陣し、東岸のアンカラ政府軍を攻撃した。アンカラ政府軍は勢力温存のため、さらに後退した。

キュタヒヤ、エスキシェヒールの陥落を機に、大国民議会のムスタファ・ケマルに対抗する諸勢力が台頭した。彼はこれらの批判勢力を抑え、祖国解放戦争を結束して遂行するために、一九二一年二月、大国民議会の名を、トルコ国民を代表する議会として「トルコ大国民議会」と改称した。そして総動員法を制定し、国民の祖国解放戦争への参加を義務づけた。さらに八月、トルコ大国民議会は戦況の危機を打開するため、ムスタファ・ケマルに議会のもつ軍の統帥権を委譲して、三カ月間の期限付きでアンカラ政府軍の総指揮官に任命することを圧倒的多数で承認した。こうしてムスタファ・ケマルは軍役に復帰した。

ソ連との関係

ギリシア軍の内陸侵攻により、アンカラ政府に困難な状況が続くなか、一九二〇年四月、ボリシェヴィキ・ソヴィエトの外務人民委員チェチェーリン▲はアンカラ政府に文書を送り、帝国主義に対して戦うアンカラ政府との協調を提案した。これに対してムスタファ・ケマルは若干の疑念をもってはいたが、トルコ大国民議会政府として、ボリシェヴィキ・ソヴィエトとの交渉を開始し、ベキル・サミを団長とする代表団がモスクワへ送られた。アンカラ政府は、小銃・大砲およびこれらの弾薬、そのほか通信機材、自動車などの支援を要請し

▼フェヴズィ・チャクマク・パシャ（一八七六〜一九五〇）　トルコ共和国軍元帥・参謀総長。陸軍士官学校、陸軍大学卒業。初めアルバニア、コソヴァに配属される。バルカン戦争、第一次世界大戦に従軍し、第一次世界大戦後、総参謀長となるが、イスタンブル占領によりアンカラ政府に合流した。一九二一年から四四年までトルコ共和国軍総参謀長であった。

▼サカリヤ川　黒海に流入する、アナトリア西部の大河。

▼チェチェーリン（一八七二〜一九三六）　ソヴィエト政府の外務人民委員。

た。

ボリシェヴィキの提案の主要なものは次のようであった。

①ボリシェヴィキは「国民誓約」にもとづくトルコ国境を承認し、トルコ政府はボリシェヴィキ政府を承認する。②友好的隣接関係を維持し、貿易を拡大する。③他国の領土に居住する者の権利および法を遵守する。④海峡問題は国際会議において新たなる合意をつくり出す。

トルコ大国民議会政府とボリシェヴィキのあいだに交渉が開始されたが、アルメニア問題などが障害となり、交渉は難行した。アルメニアを支援するボリシェヴィキはアルメニア人・クルド人の帰属に関する住民投票を要求した。さらに、ボリシェヴィキは、東部三州とヴァン、ビトリス二州のアルメニアへの割譲を提案し、トルコへの支援はこの条件が満たされることが必要であるとした。ベキル・サミにかわって西部戦線の司令官であったアリ・フアトがモスクワ駐在大使に任命され、交渉の結果ボリシェヴィキとのあいだのアルメニア、クルド問題は解決された。一九二一年三月、モスクワで、アンカラ政府とボリシェヴィキの原則的な友好条約が締結され、「国民誓約」が国際的に承認された。この条約により、トルコへの小銃や弾薬など兵器の援助もおこなわれたが、トルコ側の要求の四分の一程度であった。また、軍資金の援助は四〇〇万金ルーブルであったが、その多くは中央アジアのブハラ共和国▲などから徴発したものであったといわれる。しかし、一九三七年頃のムスタファ・ケマルによる共産党弾圧で、ソヴィエト連邦との関係は悪化することになる。

祖国解放戦争の勝利

一九二一年八月二十三日、ギリシア軍はサカリヤ川東岸にわたり、さらに東方に向けた進軍を開始し、アンカラ近郊ポラットルに迫った。これに対して、前線に立った総指揮官ムスタファ・ケマルは、アンカラ政府軍の全勢力を投入してギリシア軍を迎え撃ち、激戦のすえ、九月十三日、ギリシア軍を撃破した。ギリシア軍は、多大な消耗により戦線の維持が困難となり、サカリヤ川の西岸へ後退した。トルコ大国民議会は九月十九日、この勝利に対して総指揮官であるムスタファ・ケマルに元帥位と「ガージー」▲の称号を贈った。サカリヤ会戦の勝利は、議会の反対派を抑えることができ、彼の軍における権威も安定した。

▼ブハラ共和国　イスラーム社会主義運動家ジャディドとボリシェヴィキの働きでできたブハラ人民ソヴィエト共和国のこと。

▼「ガージー」　異教徒への戦いのイスラーム戦士に与えられる称号。オスマン朝の始祖オスマンや二代目オルハンはこの称号を用いた。

▼**アンカラ条約**（一九二一年十月二十日）　フランスとのあいだに締結された条約。アンカラ政府の承認とともにアナトリア南部からのフランス軍の撤退も定められた。

対外的にも外交政策が有利に進み、アンカラ政府がアナトリアの正式な政府であると認めるボリシェヴィキ・ロシアとモスクワ条約を、フランスとアンカラ条約▲を締結した。

　アンカラ政府軍は、さらにムスタファ・ケマルの指揮のもと、後方の女性や若年者をも動員した長期にわたる準備ののち、一九二二年八月、ギリシア軍への大攻撃を開始した。二十八〜三十日にかけて、アンカラ政府軍は総力を投入してギリシア軍に連続攻撃をかけ、歩兵の接近戦も含めあらゆる兵科が戦場に投入され戦闘を続けた。結果、アンカラ政府軍が大勝利し、ギリシア軍は壊滅した。この八月三十日は戦勝記念日とされ、トルコ共和国軍の年度活動初日となっている。アンカラ政府軍はそのまま追撃を続行し、九月九日にイズミルを解放した。そして、十七日にバンドゥルマの残存ギリシア軍が降伏し、全アナトリアがギリシア軍から解放された。

　イズミル解放後、アンカラ政府は、アナトリアの占領軍の実体はイギリス軍であると認識し、一九二二年九月、アンカラ政府軍の騎兵部隊はイズミルから北へ転進した。ダーダネルス海峡のチャナッカレに到着すると、イギリス軍の海峡地帯からの撤退を要求する最後通牒を発したが、イギリスはこれを拒否し、アンカラ政府と戦争状態にはいった。

しかし、イギリスではふたたび戦争を開始することに反対する世論に押されロイド・ジョージ内閣が総辞職したことにより、対トルコ政策が変更され、十一月三日からムダンヤで休戦会議が開始された。会議にはイギリス・フランス・イタリアの代表が参加し、アンカラ政府はイスメトを主席とする代表団を送り込んだ。敗戦国のギリシア代表はイギリス軍艦にとどめられ、会議には参加できなかった。十月十一日アンカラ政府は関係国とのあいだにムダンヤ休戦協定▲を締結した。この協定の締結後、すみやかにローザンヌにおいて講和会議が開催されることも決定された。

▼ムダンヤ休戦協定　アンカラ政府とイギリス・フランスが締結。祖国解放戦争の終結を決定した。

③—トルコ共和国の成立と整備

スルタン制の廃止

一九二二年十月のムダンヤ休戦協定締結により、新たな講和条約締結のためのローザンヌ会議が開催されることとなった。大宰相テヴフィキ・パシャはアンカラ政府に、イスタンブル政府代表も参加させたいとの意向を打診した。ムスタファ・ケマルは、ローザンヌ会議にはトルコ大国民議会政府の代表のみが参加できると回答した。ところが連合国は、ローザンヌ会議にオスマン帝国政府としてイスタンブル政府も招待した。しかしアンカラ政府は、イスタンブル政府がローザンヌ会議へ参加する資格はないと主張した。

十月末、八二人の議員が署名したスルタン制の廃止を要求する議案がトルコ大国民議会に提出された。オスマン帝国のスルタン制を廃止することで、イスタンブル政府の存在を否定し、アンカラ政府が唯一のオスマン帝国政府としての地位を確立するためであった。議会の審議では多くの反対意見が出された。閣内からもラウフがスルタン制廃止に反対したが、ムスタファ・ケマルの強い説得により廃止に同意した。しかし、反対者の多くは説得に応じず決定を保留した。メルシン選出議員のセラハティンは終始反対し、議会での採決を要求した。しかし議会は採決せず、議長の全会一致との宣言により、議決された。こうしてイスタンブル政府の存在理由であるスルタン制は、一九二二年十一月一日付で廃止が決定された。

これを受けて、十一月、オスマン帝国最後の大宰相テヴフィキ・パシャの内閣は総辞職し、大宰相府▲は閉鎖された。メフメト六世は、スルタンの称号は剝奪されたが、カリフの称号は許された。しかし十一月十七日、彼はイギリス軍艦マラヤ号に乗って国外に脱出した。アンカラ政府は、ただちにオスマン家の後継者順位第一位▲であるメフメト六世の従弟アブドゥルメジド▲をカリフ位につけた。カリフ即位にあたり、「神の使徒の代理」の称号は認められず、「ムスリムのカリフ、二聖都の守護者、アブドゥルアズィズ・ハンの息子」の称号が付与された。

スルタン制廃止により、オスマン帝国唯一の政府となったアンカラ政府使節団がローザンヌ会議に参加した。

▼大宰相府　バブ・アリといわれ、オスマン政府の大宰相の執務拠点。

▼後継者順位第一位　皇太子にあたる。オスマン朝スルタンは、初期において兄弟相続はなく、即位後兄弟はすべて排除されていた。しかし、十七世紀、アフメト一世のときから一族の最年長者が即位することになり、兄弟の継承が続くようになった。

▼アブドゥルメジド（一八六八〜一九四四）　アブドゥルアジズの息子。カリフ位のみ継承した。トルコ大国民議会のカリフ制廃止決定にともない、一族とともに国外追放された。第二次世界大戦中のパリでなくなり、メディナに埋葬された。

▼カピチュレーション　オスマン時代初期から西欧諸国に恩恵的貿易を約した制度。のちにオスマン帝国が弱体化すると、相手国の強要により関税自主権を放棄した不平等な貿易制度となった。

ローザンヌ会議

トルコ大国民議会政府は、連合国の準備したローザンヌ会議への参加に条件を提示した。それは、「国民誓約」の実行、トルコ国内でのアルメニア人国家の不承認、カピチュレーション▲の廃止、トルコ・ギリシア問題の解決、トルコとヨーロッパ諸国との関係改善などを議題とすることであった。アンカラ政府はセーヴル条約を完全否定し、新たな国際関係を樹立する講和条約の締結を求めていた。外務大臣イスメトが使節団長に任命され、一九二二年十一月に開始された会議では、オスマン帝国の借款返済、トルコとギリシアの国境、ボスポラス・ダーダネルス両海峡の管理問題、モスルの帰属問題、トルコ国内の少数民族の処遇、カピチュレーションの取り扱いが議題となり討議がおこなわれた。

しかし、一九二三年二月になっても、カピチュレーションの廃止、イスタンブル占領終結、モスル帰属については意見が対立したまま合意できず、交渉は決裂した。トルコはじめ各国の代表が帰国したため会議は中断した。アンカラ政府使節団長イスメトは帰国後、会議の決裂は望んでいないと表明して、三月、トルコ側の新たな条件をイスタンブルの連合国代表部に通知した。これを受けて、連合国は三月末にローザンヌ会議の再開をアンカラ政府に伝達した。四月に会議は再開し、七月になって合議に達することができ、二十四日、ローザンヌ条約が調印された。

ローザンヌ条約で、国境は大部分確定した。シリアとの国境はフランスとのあいだのアンカラ条約、イランとの国境は一六三九年のカスル・エリシン条約で確定したものとなり、ギリシアとの国境はムダンヤ休戦協定によるが、メリッチ川の西にあたるカラアアチ駅およびボスナキョイはトルコに割譲され、エーゲ海諸島はギョクチェ島、ボズジャ島の二島以外はギリシア領とすることが確認された。しかし、イラクとの国境の確定はイギリスとの二国間の交渉に持ち越された。

国境問題以外のおもな項目は次のとおりである。①諸外国とのカピチュレーションは完全に廃止する。②非ムスリムであるすべての少数民族はトルコ国民と認め、いかなる状態であっても分離を認めない。③トラキアのムスリム、イスタンブルのギリシア正教徒を除き、アナトリアと東トラキアのギリシア正教徒およびギリシアのムスリムは相互に住民交換をおこなう。④戦争賠償金は放棄される。⑤オスマン帝国の借款はアンカラ政府の統治する領土に対したものを返済する。⑥海峡については、平時は民間商船の航行は自由であり、海峡両岸は非武装地帯とし、国際海峡委員会が海峡を管理する。

ローザンヌ条約の締結によって、イラクとの国境問題がイギリスとのあいだの個別交渉問題として残されたものの、近隣諸国とヨーロッパ列強とのあいだの国際関係において安定した状況がつくりだされた。しかし、アンカラ政府には議会における条約批准の作業が残されていた。

ムスタファ・ケマルの指導性と権力

祖国解放戦争のなかで、ムスタファ・ケマルの政治活動は大国民議会を背景として進められたが、議会内で批判的な勢力の台頭もみられ、かならずしも順調なものではなかった。しかし、彼はその壁をさまざまな手段で克服していったのである。

祖国解放運動開始時のエルズルム会議からローザンヌ条約締結まで、ムスタファ・ケマルが権力の拠り所としたのは、トルコ国民を代表する議会であった。

初めはルメリー・アナトリア国民権利擁護委員会であり、さらにイスタンブルの旧帝国議会を吸収・発展した大国民議会であった。これらの委員会・議会は特定政治勢力が集まったものではなく、各地の代表が参集したものだった。ムスタファ・ケマルは、エルズルム会議の前に指導部を結成し、議長として会議を主導した。その後、代表団の代表となり、前述の委員会・議会の指導的役割を独占し、対立派を抑えてきた。この経過を概観すると以下のようになる。

東部諸州国民権利擁護委員会の政治指導部は、エルズルム会議でムスタファ・ケマルを長とする一二人の代表団で組織され、この代表団が祖国解放運動の指導部となった。しかし、エルズルム会議後一二人が一堂に会することはなく、シヴァス会議にはそのうちのムスタファ・ケマルら五人が参加したのみであり、そのシヴァス会議でも代表団は指導部として承認された。そののちアンカラに移動した代表団は、つねにムスタファ・ケマルによって代表された。

イスタンブルにあった帝国議会が占領軍によって解散させられると、ムスタファ・ケマルの呼びかけで、アンカラに大国民議会が召集された。大国民議会には、各地の国民権利擁護委員会などが代表を選出した。さらにオスマン帝国議会の継続性を示すため旧帝国議会庶民院も吸収した。イスタンブルから参集した人たちは、ムスタファ・ケマルの祖国解放運動に賛成していたことから、大国民議会も、議長となった彼の政策に基本的に賛成する人たちが中心であった。このため、大国民議会で彼の地位は安定したものになるはずであった。

しかし、議会は、エルズルム会議以来の権力基盤であった国民権利擁護委員会のメンバーが多数を占めていた。国民権利擁護委員会は各地方代表の集まりで政治党派の結集ではなかったことから、さまざまな考えをもつ者がおり、統一的な政治行動は難しかった。祖国解放戦争の続くなかで、チェルケス・エトヘムや共産主義に傾倒する人民グループなど、ムスタファ・ケマルに反発する勢力が表面化することもあったが、これらの勢力は議会の多数派を背景にムスタファ・ケマルによって排除された。

一九二一年一月、ムスタファ・ケマルは憲法に相当する「基本組織法」▲を議会で成立させた。そこで、国民主権の「トルコ国家」はトルコ大国民議会によって統治され、トルコ大国民議会議長は議会と内閣を統括すると規定した。これは議長であるムスタファ・ケマルの権力強化をはかるものであると批判する

▼**「基本組織法」**　オスマン時代の最初の憲法は基本法(エサシイ・カヌン)であったが、原則としてイスラーム法シャリーアがその上に存在した。アンカラ政府は、最高法として臨時に基本組織法(テシュキラト・エサシイェ・カヌヌ)を制定したが不十分であったため、一九二四年に改正された基本組織法が制定され、言語改革により憲法(アナヤサ)と改称された。

者もあらわれ、小会派の結成がみられた。なかにはエルズルム会議の代表でもあり、スルタン制の存続を支持していたライフの加わったグループもあった。このように、ギリシア軍がアナトリアの内陸深く圧力をかけていた時期、議会内では小会派が乱立し、不安定な状態であった。

「第二グループ」の出現

一九二一年四月、ムスタファ・ケマルはトルコ大国民議会の合法性に異義を唱え、スルタン制復活を主張する者を祖国への反逆者とみなす祖国反逆罪法案を議会に提出し、批判派の反対を押し切って可決させた。さらに、ムスタファ・ケマルは、トルコ大国民議会における安定した地位を求め、五月に彼の強力な議会指導に賛成する議員約二〇〇人を集めて、「権利擁護グループ」(第一グループ)を結成した。しかし、ムスタファ・ケマルの政策を批判する議員の活動は依然として続いた。このために、彼はゆるやかな政治集団である「第一グループ」から人民主義にもとづく政党「人民党」▲を結成する構想をねり、「第一グループ」の「九原則」を発表した。その前文には、「第一グループ」か

▼**人民党**　トルコ大国民議会の最初の政党。のちに共和人民党となる。

ら人民党への改組の計画が書かれていた。

一九二三年七月に、これら一連の「第一グループ」の議会運営に反発する約六〇人の議員が、議会における自由化・民主化を望み「第二権利擁護グループ」(第二グループ)を結成した。「第二グループ」は、ムスタファ・ケマルが任期三カ月とされていた総指揮官職の三回目の延長を求め、議会で可決させるなどした強硬な議会運営に反発し、彼の権力集中化の抑制を主張した。

ローザンヌ会議が終結に向かうなかで、「第二グループ」は会議において使節団の国境問題に対する譲歩を批判し、「国民誓約」の完全実施を求めた。そして、使節団の交渉を強化するため議会を解散して、国民の意見を聞くため総選挙の実施を求めたが、「第一グループ」によって退けられた。

しかしムスタファ・ケマルは、ローザンヌ条約批准のために「第二グループ」を抑えて、「第一グループ」の優勢な議会体制をつくることが必要と考えた。このため「第一グループ」に有利な選挙法の制定や祖国反逆罪法第一条の改正をおこなったうえで議会を解散して、総選挙の実施を表明した。総選挙にあたって「第一グループ」の候補者はムスタファ・ケマルによって厳選された。

一方、さまざまな圧力や内部事情により「第二グループ」は候補者を出すことができなかった。この結果、総選挙は「第一グループ」の圧勝に終わり、「第二グループ」は議席を失った。

議会の開会前に「第一グループ」は人民党綱領を採用し、政党としての人民党に変わった。党首にムスタファ・ケマル、書記長にレジェップ、議員団長にアリ・フェトヒ▲を選出した。ほとんどの議席をえた人民党は、トルコ大国民議会の開会にあたって、ムスタファ・ケマルを議長に、アリ・フェトヒを副議長に選出し、事実上の一党独裁体制の議会が成立した。この議会で、一九二三年八月、ローザンヌ条約は批准されたが、全会一致とはならず反対が一四票あった。

▼アリ・フェトヒ・オクヤル（一八八〇〜一九四三）　士官学校出身で、ムスタファ・ケマルの古い友人。第三軍勤務時代に「統一と進歩委員会」に加入。エンヴェルと対立し軍役を離脱した。パリ駐在武官・ソフィア駐剳大使・内相など歴任したのち、祖国解放戦争に従軍。その後リベラル派の首相となり、自由共和党を結成するも解散した。ムスタファ・ケマルと個人的な親交も深かった。

トルコ共和国の成立

ローザンヌ条約は批准されたが、この交渉過程において、ムスタファ・ケマルの旧来の戦友であり、同志として祖国解放運動を担ってきたヒュセイン・ラウフ、アリ・フアト、キャズム・カラベキルなどの議員たちが不満をもちはじめた。彼らはローザンヌ会議の交渉内容についてまったく相談を受けず、政策実施に自分たちの意見が反映されないことを強く感じていた。彼らは議会での演説において、イスメトなどムスタファ・ケマルの側近閣僚たちの政治姿勢を鋭く批判した。ムスタファ・ケマルは、議会政府への議会内部からの批判に対応するには、トルコ大国民議会が政府を構成する体制を改めることにした。内閣が議会から独立した行政府としての立場を確立するために、共和制を実施し自ら大統領となって政府を統括し、議会には立法府としての役割を与えることを考えた。

　一九二三年十月二十九日、有力同志議員たちはイスタンブルに集結し会議をおこなっており、アンカラ不在であった。この機会をとらえて、トルコ大国民議会堂内において、午前十時、人民党の集会が議員団長アリ・フェトヒのもとに開会され、新内閣の名簿が検討された。経済相候補のジェラル▲から、より強力な内閣にすべきとの要求が出て、人民党集会は紛糾した。このため、党首ムスタファ・ケマルに事態の収拾が求められた。すでに前夜、イスメトらを集めて共和国体制樹立の下相談をおこなっていたムスタファ・ケマルは、チャンカ

▼マフムート・ジェラル・バヤル（一八八三〜一九八六）　トルコ共和国第三代大統領（在任一九五〇〜六〇）。外国の銀行に勤務し、経済に明るい。「統一と進歩委員会」に参加し、最後のオスマン議会ではイズミル選出議員を務めた。その後、アンカラに移動し、祖国解放運動に参加。経済相・首相を歴任し、一九四六年、民主党結成に参加した。

大統領となったムスタファ・ケマル

ヤから議会へ移動して党員を前に演説し、政府の問題よりも基本組織法(憲法)の改正により共和国体制を樹立することのほうが重要であると述べた。

夕方になって人民党集会は、急遽トルコ大国民議会に変更されて、チョルム選出議員イスメトが、前夜ムスタファ・ケマルと相談したといわれる基本組織法の条文改正審議を提案し、可決された。ただちに審議が始まり、スルタン制を廃止したからには、国家体制も変更されるべきであり、新たな国家体制は共和制であるとの改正の趣旨が読みあげられた。

ついで憲法委員会のユヌス・ナディ委員長が、国家体制は共和制であるべきとの演説をおこない、さらに数人の賛成演説が続き、演壇で「共和国万歳」と声があがったのを機に、議員全員が起立して拍手した。続いて改正条文が読みあげられ、午後八時三十分に賛成一五八、反対〇で共和制移行が可決され、トルコ共和国の成立が決まった。ただちに大統領の選出がおこなわれ、午後八時四十五分、ムスタファ・ケマルがトルコ共和国初代大統領に選出された。大統領ムスタファ・ケマルは即刻、イスメトを首相に任命し組閣を命じた。立法府は、ムスタファ・ケマルが党首である人民党が多数派を形成する議会が担うことになった。

こうして、トルコ共和国の政府が成立し、トルコ大国民議会が政府を構成するアンカラ政府はここに終了した。オスマン帝国の中央政府にかわる政権として樹立されたアンカラ政府の消滅は、オスマン帝国の完全なる消滅でもあった。

カリフ制の廃止と憲法の制定

アンカラにオスマン帝国の「特別の機能を有する議会」として成立した大国民議会は、オスマン帝国憲法に照らすと違法状態にあったが、オスマン帝国が消滅したため違法性はなくなった。新たな近代的トルコ共和国は、大統領のもとに、行政権の内閣、立法権の国民議会、司法権の裁判所を設置する国家体制を規定する西欧的憲法をつくらねばならなかった。しかし、残されているカリフ制は大統領制とのあいだに不整合を生じさせることになるため、大統領制を維持するにはカリフ制を廃止しなければならなかった。さらに議会における民主主義的運営のために、現状の一党独裁は避けなければならなかった。この二つの問題は、ムスタファ・ケマルに重要な判断を迫ったのである。

トルコ共和国の樹立を決定した議会には、議会開催の連絡を受けていなかった同志や戦友を含む約一〇〇人の欠席者があり、彼らの大部分は共和制には賛成ではあったが、カリフ制の処遇についてはさまざまな意見をもっていた。連絡を受けなかったローザンヌ会議の対応に批判的であった同志らは、ムスタファ・ケマルの強引な議会運営により、重要な政策決定の場に不在であったことに不満を募らせた。

カリフ擁護派は、共和制が大統領制であることから、カリフ制が廃止に向かうことを憂慮した。カリフ擁護派は宗教関係者、知識人、有力オスマン官僚やその子弟たちであった。彼らは廃されたスルタンに恩顧を感じていたが、ムスタファ・ケマルの巧妙な議会運営の前にスルタン制廃止の議会決定を阻止することはできなかった。このため、イスタンブルを中心にカリフ擁護の強力な運動が開始された。

イスタンブル弁護士協会のリュトフィ・フィクリ会長は、カリフ制廃止の噂に対して、ムスタファ・ケマルに翻意を求める公開文書を発表した。また、イスラームの結束の中心はカリフにあると強く主張するインドの有力反英闘争の

▼**アーガー・カーン**（一八七七～一九五七）　全インド・ムスリム連盟の代表。反英運動のパン・イスラーム主義の一環として、オスマン朝のカリフ制を支持した。

指導者アーガー・カーン▲らが、十二月にカリフ制存続を訴える書簡を首相イスメト宛に送った。この書簡が新聞に掲載され、イスタンブルのカリフ擁護派は海外のカリフ制擁護の動きに力をえて、活動を活発化させた。しかし、この新聞への書簡公開に対して、政府は祖国反逆罪法に抵触するとして、書簡掲載日に独立法廷の設置を決定し、関係者を逮捕した。そして、書簡を最初に掲載した新聞の責任者に懲役五年の刑がいいわたされた。

ムスタファ・ケマルは、カリフ擁護派の懐柔に努め、個別に説得を繰り返し、イスタンブル大学学長や学部長を呼んでカリフ制廃止の意向を伝えた。また軍事演習を指揮して、軍首脳と会談し同様に意向を表明した。ムスタファ・ケマルの一人ひとりに対する説得に応じて、関係者は同意の意向を伝えた。この説得の成功を背景に、アンカラにもどったムスタファ・ケマルは一九二四年三月三日、議会にカリフ制の廃止を提案し、挙手による採決の結果、圧倒的多数で可決した。

カリフ制の廃止により、トルコ共和国の元首として大統領が名実ともにその地位を確かなものとした。さらにムスタファ・ケマルは基本組織法を廃して、新たな憲法の制定によってオスマン帝国との決別を決定づけようとした。しかし、大統領の権力強大化を憂慮する議会の憲法起草委員会は、大統領の権限を抑制する条文を盛り込む憲法草案を作成した。この委員会の努力が随所で反映された「一九二四年憲法」が四月に可決され、五月に発効した。

新憲法では、軍人や官僚の議員兼任は認められなかった。ムスタファ・ケマルは、祖国解放運動の戦友たちの軍務専念を期待して議会から遠ざけようとしたのである。しかし、祖国解放運動の初期からの戦友であった第一軍司令官キャズム・カラベキル、第二軍司令官アリ・フアトらの古参将軍は、軍役を辞して議員となることを選択した。古参将軍たちは、ムスタファ・ケマルが議会の多数派をもって政策を遂行することに抵抗を示したのである。一九二四年十一月に議会が開かれ、八日にイスメト内閣の信任投票がおこなわれた。ムスタファ・ケマルを支持する主流派は多数派を形成し、一四八対一九、棄権一で内閣は信任された。しかし、ムスタファ・ケマルの批判者約三〇人は、即日人民党を離脱した。翌日、人民党は党名を共和人民党▲と改めた。反対派が「共和」を名乗る政党を結成するとの噂が流れたため、急遽共和を取り入れた党名に変更

▼**共和人民党**　トルコ大国民議会で権利擁護委員会の第一グループが政党として結成した人民党が、反対派が結成した進歩主義者共和党の「共和」を先取りして共和人民党を名乗った。進歩主義者共和党閉鎖後は長く一党独裁をおこなった。現在も存続している。

したのである。

十一月、反対派は進歩主義者共和党▲を結成した。複数政党制が、ムスタファ・ケマルの思いとは別のかたちで成立した。党首にはキャズム・カラベキル、副党首にはラウフおよびアドナン博士、書記長にはアリ・フアトが就任した。これらのメンバーの大部分は、祖国解放運動に初期から参加していた人たちであった。また、元「統一と進歩委員会」有力者のイスマイル・ジャンボラト▲らも参加した。進歩主義者共和党は、声明文と綱領を発表した。これは路線としては共和人民党とはほとんど変わらなかったが、政治経済面での自由主義▲を掲げ、権威主義や中央集権主義に反対した。

一九二四年九月、シェイフ・サイトの反乱を理由に、共和人民党執行部は戒厳令の施行を議会に提案したが否決されたため、イスメト首相は辞任した。後任には、リベラル派とみられるアリ・フェトヒが指名され、進歩主義者共和党も信任票を投じ、議会で信任された。ムスタファ・ケマルは事態を静観した。イスメト派の内相レジェップは、進歩主義者共和党への圧力を主張したが、首相アリ・フェトヒは動かず、進歩主義者共和党は党体制を整備して組織を強化

▼**進歩主義者共和党**　ムスタファ・ケマルの政策に反対するグループが政党として結成。複数政党制を実現したが、閉鎖された。

▼**イスマイル・ジャンボラト**（一八八〇〜一九二六）　亡命チェルケス人で、ロシア軍将軍の息子。イスタンブルに生まれる。士官学校出身で、「統一と進歩委員会」に参加し、ストックホルム大使などを歴任した。

▼**自由主義**　経済の自由化をめざし、ムスタファ・ケマルの国家統制や経済体制を批判した。

していった。

シェイフ・サイトの反乱

アナトリア南東部、および周辺のイラン・シリア・メソポタミア北部にはクルド人が多数居住している。彼らの多くは自立的性格をもった部族社会を形成していた。クルド人の多くはスンナ派▲であり、オスマン帝国末頃までは中央政府と大きく対立はしていなかった。

第一次世界大戦終了後、イギリスはセーヴル条約で、モスルを含む南東アナトリアにクルド人自治領南クルディスタンを設定し、それをイギリスの委任統治下におこうと考えていた。しかし、ローザンヌ会議ではクルド人の自治問題はまったく無視され、議題にも取り上げられなかった。このため、一九二四年九月にナクシュバンディー派の長老シェイフ・サイトと一部のクルド人は、クルド人の自立をめざして蜂起したが失敗した。翌年二月、シェイフ・サイトはふたたびクルド人を糾合してディヤルバクル北方でトルコ軍守備隊と衝突し、大規模反乱に拡大した。彼らはカリフ制の復活を要求したため、穏健なアレヴ

▼**スンナ派**　イスラーム教の主要宗派。シーア派と勢力を分ける。イスラーム法の解釈で四法学派に分かれる。

ィー派クルド人は参加しなかった。共和国政府は、クルド人の分離独立が国土分割を認めない国是である「国民誓約」に反するとして反乱の武力鎮圧に乗り出した。

シェイフ・サイトの反乱鎮圧のため、二月に東部諸州に戒厳令が施行された。反乱に対して、進歩主義者共和党寄りの穏健的政策をとる首相アリ・フェトヒに不満をもった共和人民党強硬派は、三月に内閣不信任案を可決させた。アリ・フェトヒ内閣は総辞職し、翌日イスメトが首相に指名され、イスメト内閣が復活した。内閣はただちに治安維持法を議会に提案し、進歩主義者共和党の強い反対を抑えて、これを可決した。穏健派の活動を抑えるため、前首相アリ・フェトヒをパリ大使に任命した。

ムスタファ・ケマルに近い強硬派と首相イスメトは、治安維持法を可決すると同時に反乱地域を担当し議会の承認なしで死刑を執行できる東部独立法廷と、反乱地域外を担当し死刑執行には議会の承認を必要とするアンカラ独立法廷の設置を決定した。

治安維持法の成立により、秩序と平安を乱すと政府が判断したあらゆる組織

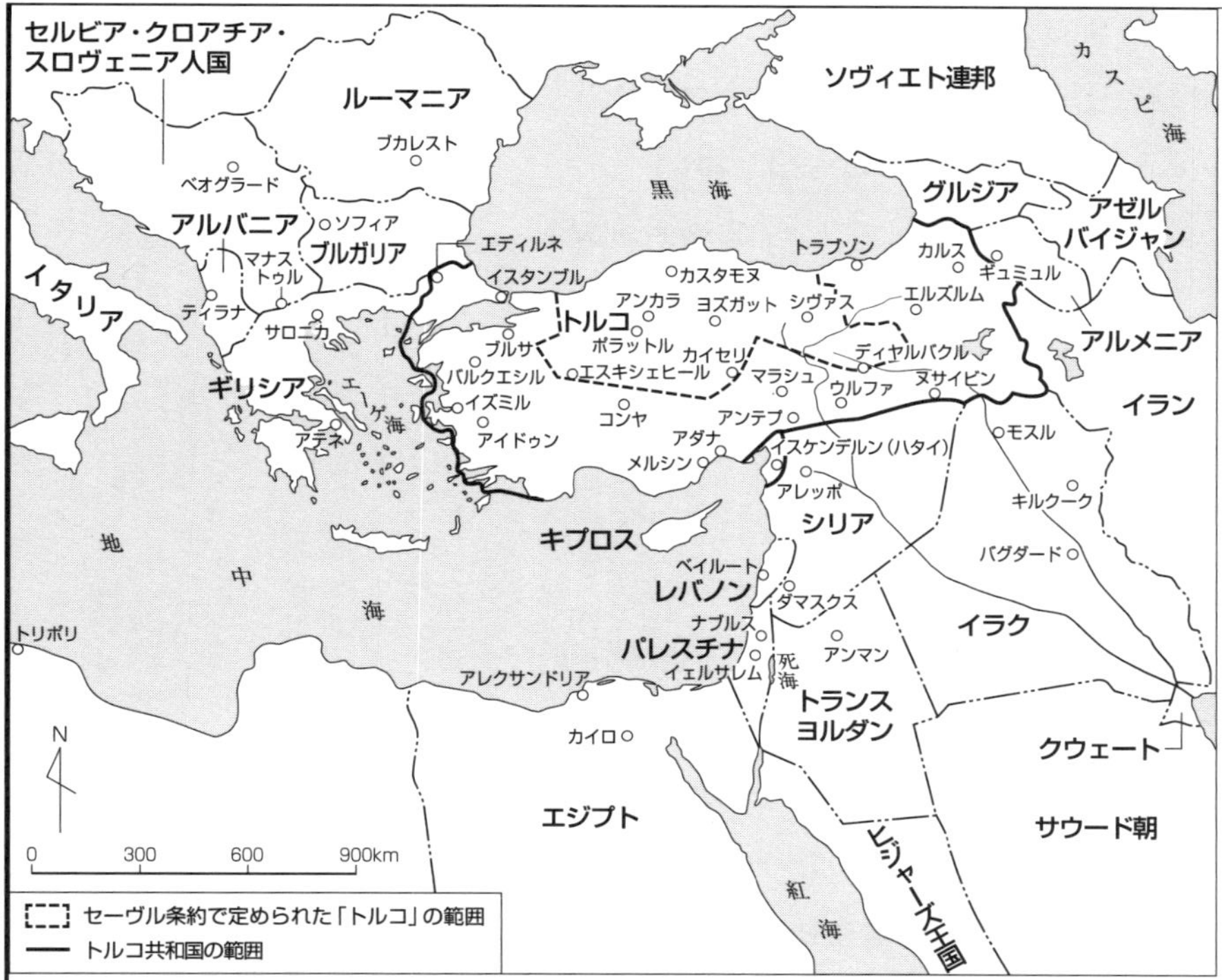

●オスマン帝国滅亡後のバルカン、アナトリア、アラブ地域

は活動が禁止された。また反政府的新聞が発禁処分となり、関係者が逮捕された。さらに東部独立法廷は、シェイフ・サイトの反乱への加担者として逮捕された者のなかに進歩主義者共和党員がいたとして、進歩主義者共和党の東部諸州の支部を閉鎖した。アンカラ独立法廷はイスタンブルの進歩主義者共和党支部を捜索し、反乱煽動の証拠を確保したと発表した。六月に治安維持法が適用されて、アンカラ独立法廷の決定をもって、進歩主義者共和党は閉鎖された。

シェイフ・サイトの反乱自体は、政府軍の圧倒的兵力をもって鎮圧された。シェイフ・サイトも逮捕され、九月にディヤルバクルで処刑された。クルド人部族長や教団の長老たちは、家族とともに、「封建遺制の根絶」を名目にアナトリア西部へ強制移住させられた。

イズミル事件

一九二六年六月大統領ムスタファ・ケマルは西アナトリアの視察をおこなった。しかし、イズミル州知事から暗殺計画発覚の電報を受け、イズミルへ移動する予定を急遽変更してバルクエシルにとどまった。暗殺計画の一端を担うはずだった自動車運転手の通報により明らかとなったのである。元ラジスタン選出議員ズィヤ・フルシド▲が雇った暗殺者ラズ・イスマイル、ギュルジュ・ユスフおよび退役少尉チョプル・ヒルミが、ムスタファ・ケマルの到着予定日前に爆弾と拳銃を所持してイズミルにはいったが、警察に逮捕された。

　アンカラの政府はただちに独立法廷の設置を決定し、イズミルに独立法廷が移された。全国各地で容疑者が逮捕され、イズミルに護送された。逮捕者は一〇〇人をこえ、その多数は閉鎖された進歩主義者共和党の主要メンバーであり、旧党首のキャズム・カラベキルも含まれていた。イズミルの独立法廷で、実行犯以外で起訴された人たちは、ほとんどが旧進歩主義者共和党の関係者であり、サル・エフェ・エッディプら五人は第一級犯罪者とされた。第一級犯罪者ほどの犯罪性がないが容疑のある第二級犯罪者として、進歩主義者共和党の元党首キャズム・カラベキル、アリ・フアト、ジャヴィト、レフェト、ラウフ、ジャフェル・タイヤル、リュシュドゥらがあげられた。

　六月に開廷された独立法廷は、七月に判決を出し、暗殺犯とされる四人のほか暗殺計画への関係者として一五人に死刑の判決をくだした。キャズム・カラ

▼ズィヤ・フルシド（一八九二〜一九二六）　リゼ近くの生まれ。トラブゾンで教育を受け、その後ドイツのダンツィヒで造船技術と無線技術を学ぶ。エルズルム会議にトラブゾン代表として参加。のち、ラジスタン選出議員となり、「第二グループ」に属し議席を失う。ムスタファ・ケマル襲撃を計画したとして逮捕・処刑された。

ベキルはじめ多くの将軍らは、軍の圧力により無罪となった。また、九人はアンカラの独立法廷で継続審議されることになった。第二回裁判はアンカラで八月に開始され、継続審議のうちジャヴィト、ヒルミの二人と海外にあったナズム博士ほかの二人に死刑の判決がくだった。

無罪放免されたものの容疑者として逮捕されたキャズム・カラベキル、アリ・フアド、ラルフなど、ムスタファ・ケマルとともに祖国解放運動を推進した戦友たちは政治の舞台から追放され、逮捕された軍関係以外の容疑者の多くが一掃され、ムスタファ・ケマルの周辺には、今やイスメトなど彼に忠実な支持者たちが残った。

複数政党制の試み

一九二九年の世界大恐慌はトルコ共和国にも波及し、経済的混乱から社会の不満が噴出してくる様相を示した。共和人民党による一党独裁体制は、党首が大統領であり、副党首が首相であり、各州の党代表も州知事である。完全に固定化された体制のため、議員総会でもトルコ大国民議会でも反対意見を述べる余地はなかった。ムスタファ・ケマルは、全土に広がっている不満に対応するため野党をつくることを考え、シェイフ・サイドの反乱で首相の座をおりたパリ大使アリ・フェトヒの帰国を機に会談して、彼に野党設立の準備をまかせた。

一九三〇年八月、ムスタファ・ケマルの承認を受けて、アリ・フェトヒの準備した野党の自由共和党が成立した。トルコ大国民議会で一五人の議員を擁する政党となった。党首はアリ・フェトヒ、書記局長はヌリが就任し、創設者の多くは、ムスタファ・ケマルに要請された彼の信頼する友人たちであった。しかし、自由共和党が結成されると、それまでの政府の政策に不満をもっていた多くの者が参加を表明した。そして、ムスタファ・ケマルの経済政策に不満をもっていた自由主義者アアオウル・アフメト▲の起草した党の綱領が発表された。これは共和人民党の政策に対抗した旧進歩主義者共和党の綱領に似たものであった。

アリ・フェトヒは西アナトリアで自由共和党の説明講演旅行をおこなった。各地をまわってイズミルに到着すると、歓迎する多くの人たちが集まり、ダヴルやズルナ（太鼓や笛）▲が鳴らされ、興奮した群衆がアリ・フェトヒの上着を引

▼アアオウル・アフメト（一八六九〜一九三九）　自由貿易論者でリベラリスト。アゼルバイジャン生まれ。ロシアで教育を受けたが、アゼルバイジャン民族運動により追われてフランスにわたり、「統一と進歩委員会」に加入。一九〇九年イスタンブルに移動し教育省で勤務。庶民院議員となる。一八年からアゼルバイジャン議会の議員も兼任し、パリ講和会議ではアゼルバイジャン代表を務めた。その後イスタンブルでイギリス軍に逮捕され、マルタ島に拘禁されるが釈放。アンカラに移りカルス選出議員となった。

▼ダヴル、ズルナ　今日でも集会など人が集まるときに景気をつけるために演奏される。

き破るほどであったと、『ジュムフリエト』▲紙は伝えている。この混雑による異常事態の発生を危惧したイズミル州知事は、アリ・フェトヒに対して翌日の演説の中止を要請した。フェトヒは、ムスタファ・ケマルに電報を打ち演説実施の可否を相談したが、演説は予定どおり実施されることとなった。

この異常に高揚した雰囲気のなかで、イズミル州のデニズリ選出の共和人民党議員が自由共和党へ激しい攻撃の文章を地方新聞に載せたため、反発した群衆が共和人民党支部の建物に押しかける騒ぎが起きた。しかし、厳重な警戒のうちに、フェトヒは予定どおり五万人の聴衆を前に演説をおこなった。

このイズミル演説旅行は、共和人民党に予想以上の打撃を与えた。その後おこなわれた地方首長選挙において、五〇二のポストのうち、自由共和党は四〇のポストを獲得し、楽観視していたムスタファ・ケマルに大きな衝撃を与えた。議会では多数派の共和人民党議員による、フェトヒや自由共和党を非難する演説がおこなわれ、イズミル州での共和人民党の建物への群衆の包囲は自由共和党の陰謀であると演説された。また地方首長選挙で自由共和党の不正行為があったなどの疑いをかける演説もあった。自由共和党の台頭にさまざまな批判が

▼『ジュムフリエト』　共和人民党の機関紙。

加えられ、政情は混乱する様相を示した。

『ジュムフリエト』紙はムスタファ・ケマルの手紙を掲載して、「私は共和人民党の党首である。祖国解放運動をアナトリア・ルメリー国民権利擁護団から引き継いでいる共和人民党を、私から取り上げることはできない」と伝えた。ここにいたり、共和人民党を脅かす自由共和党はムスタファ・ケマルの支持を失い、存在の危機に陥った。十一月、フェトヒはムスタファ・ケマルと会見し、自由共和党の閉鎖を伝えた。フェトヒはただちに同党の国会議員に伝達し、「わが党は心ならずも大ガージー閣下の政治活動を阻害する状態を生んでしまった」と自由共和党閉鎖の文書を内務省に提出した。

以後、ムスタファ・ケマルは、イスメト首相の内閣、共和人民党の一党支配するトルコ大国民議会をもって、政策を続行することとなった。

アンカラの大統領府

ムスタファ・ケマルが、一九一九年十二月末アンカラにはいったとき、郊外のケチョウレンにある農学校を代表団の宿舎兼執務所とした。召集された大国民議会は、かつてフランス占領軍が駐屯していた元「統一と進歩委員会」アンカラ支部の建物で開催された。ムスタファ・ケマルは執務室を議事堂に近い、かつてイギリス占領軍が駐屯していたアンカラ駅の駅舎に移したが、一九二一年にチャンカヤの官邸に移動した。一方、トルコ大国民議会の議事堂は最初の建物のならびに建設され、さらに官庁街の南にトルコ大国民議会堂が建設され今日にいたっている。

チャンカヤは、アンカラの南部にあって海抜八七〇メートルの丘の上に位置する。ここには十九世紀後半にアルメニア人商人カサブヤンの所有する果樹園があり、別荘が建てられていた。のち、アンカラの裕福な一族ブルグルザーデの手にわたったが、アンカラのムフティー▲であるリファトの音頭とりで民衆が寄付を集め、この別荘を買い取ってムスタファ・ケマルに寄贈した。ムスタファ・ケマルは居住と執務に利用し、一九二四年の改築で、現在の博物館となっている建物となった。母親のズュベイデと姉も一時ここに住んでいた。この初代官邸が手狭となったため、一九三一年に工事が始められ、翌年大統領官邸が完成した。この建物は外壁がピンクなのでペンベ(ピンクの意)宮と名づけられ、

▼**ムフティー**　イスラームの法の分野に関する諸問題について法学意見書(フェトヴァ)を発してイスラーム法の解釈や適用を示す資格をもっていた。一般的には法に精通した学識者であればよく、女性や奴隷の身分でもなれた。オスマン帝国では最高位のムフティーであるシェイヒュルイスラームが任命していた。

各地の特産資材をもって建築され、正面の広い階段は国賓の歓迎に使われた。

なお近年、アタテュルク農場の一角に大統領官邸が新築された。チャンカヤの大統領官邸付近には、初めはほとんど人家がなく、チャンカヤは大統領官邸を意味する地名ともなっていた。官邸の背後は荒涼とした平原が続いていたが、現在では周囲にアパートや商業施設、国会議員宿舎などさまざまな施設が建設されている。旧大統領官邸からアンカラ市内に通じる広いアタテュルク大通りの両脇には、各国の公館が並んでいる。

▼**アタテュルク農場**　一九三七年にアンカラ郊外に設けられたアタテュルクの名を冠した広大な食糧・農業・牧畜の実験農場。園内には牧場や動物園もあり、アンカラ住民の憩いの場ともなっている。

④—近代国家をめざして

国際関係の改善

ローザンヌ条約締結により、対外的にオスマン帝国の第一次世界大戦の戦後処理はほぼ終了した。この条約調印の主体は、イスタンブルのオスマン中央政府ではなくアンカラのトルコ大国民議会政府であった。そして、アンカラ政府はオスマン帝国と決別して新たなる共和制のトルコ国家を樹立し、西欧的近代国家体制をめざした。とくにカピチュレーションの廃止に成功したことは、単に経済的改善にとどまらず、西欧諸国との不平等関係を打破して、西欧諸国と同等な立場をえて国際関係において有利な対応を可能にした。トルコ共和国の外交攻勢に第一次世界大戦後の不安定な国際情勢下にあったヨーロッパ諸国が譲歩したことにより、トルコ共和国のもつ懸案に有利な展開をもたらした。また、ムスタファ・ケマルは「母国に平和、世界に平和」と謳い、平和中立主義をもって、かつての対立国とも友好関係を樹立した。

ローザンヌ条約ではイラクとの国境は画定せず、イギリスとの二国間交渉に委ねられていた。一九二四年、再度の交渉も決裂したため、国際連盟が介入してモスル・キルクークをイラク側におくトルコ・イラク国境を画定した。二六年六月、トルコ共和国政府は「国民誓約」に合致しない不満を残しながら、イギリスとアンカラ条約を締結して、国際連盟の画定した国境を認めた。

また、ローザンヌ条約の付帯事項により、トルコ共和国内のギリシア正教徒とギリシア国内のムスリムを交換することが決定した。トルコ共和国ではイスタンブル市内・ギョクチェ島・ボズジャ島のギリシア正教徒住民、ギリシアではサロニカを含む西トラキア地方のムスリム住民は、移動の対象外とする特別処置がとられたが、一九二三〜二四年のあいだにほとんどの該当住民は交換移住した。三〇年、イスメト首相は住民交換で発生した財産の処理などの問題解決のため、ギリシア首相ヴェニゼロスをトルコ共和国に招待し、両国の和平関係構築を成功させた。この会談によって、両国間に残っていた多くの問題は解決した。ヴェニゼロスは、イスメトをノーベル平和賞候補に推薦するほど、トルコの外交に友好的対応をした。

国際連盟加入と各国との同盟

一九三二年、トルコ共和国政府はジュネーヴの軍縮会議において、国際連盟と協調する準備があると宣言した。スペイン・ギリシアの加入推薦運動により、七月の総会において、全会一致で加入が決議され、正式加入した。なお、国際連合には原加盟国として一九四五年から加入している。

一九三三年頃からドイツではナチスが台頭し、イタリアではムッソリーニが政権をとった。これらファシスト勢力は、バルカン半島への勢力拡大をも模索していた。トルコ共和国は、ギリシアとは九月にアンカラで友好不可侵条約を、ルーマニアとは十月に友好不可侵条約を、ユーゴスラヴィアとは十一月にベオグラードで友好不可侵条約を、おのおの二国間で締結した。これらを基礎に各国は、翌三四年二月アテネでバルカン同盟条約に調印した。アルバニアはすでにイタリアの影響下におかれ、ブルガリアは周辺諸国に領土返還の要求を続けていたため、同盟に参加しなかった。

また、ローザンヌ条約にもとづき、ダーダネルス・ボスポラス両海峡についても協定が結ばれ、平時・戦時にかかわらず商船・軍艦の自由通航が保障され、管理のための国際海峡委員会が構成されていた。しかし、一九三〇年代半ば頃には、国際情勢は混沌とし、対立の時代を迎えた。ムスタファ・ケマルは海峡が国際関係にきわめて大きな役割をはたすと考え、トルコ共和国が自国内の海峡を管理する権利をもっていないことに不満をあらわし、新たなる海峡管理体制の樹立を求めた。一九三六年、スイスのモントルーで海峡管理問題会議が開かれ、次のような内容の新たな条約が締結された。

①海峡は無条件でトルコ共和国に管理を委ねる。②平時には商船は自由に通行できる。しかし、平時・戦時を問わず空軍の通行は認めない。③戦時においてトルコ共和国が中立を保つ場合は、商船は通行が可能である。④平時においては、潜水艦は浮上した状態で、すべての軍艦は一五日前にトルコ共和国政府に通告し、行き先・艦名・形式・隻数を明らかにし、飛行機の不使用を確認することを条件に通行可とする。⑤トルコ共和国が戦争当事国となった場合、中立国商船は敵国に支援をしないという条件で、自由通行が認められる。

条約は二〇年間有効とされ、加盟国が変更を求める場合は、二年前に申請して協議するが、提案がない場合はこれを継続するとされている。現在、期間は過ぎたが、どの国も変更を提案していないので、今日なお継続している。

一九三七年七月、トルコ共和国は近隣のイラン・イラク・アフガニスタンと四カ国友好不可侵条約(サーダーバード条約)をテヘランで調印した。イタリアのエチオピアなど、東方に勢力を拡大する政策に対応する同盟関係の樹立である。基本的には、国際連盟憲章やケロッグ・ブリアン協定▲に準拠するものであり、同盟諸国がおたがいに国境問題の憂慮をなくすための同盟でもあった。

ハタイ併合

ムドロス休戦協定で、イスケンデルン(アレクサンドレッタ)県は、シリアからアナトリアへ進んだフランス軍によって占領された。一九二一年十月、フランスはアンカラ条約を締結し、アナトリアから撤退した。イスケンデルンはシリア国境内におかれるものの、特別自治区としてトルコ文化が保護され、トルコ語を公用語とし、トルコ紙幣を通用させることが、条約で規定された。ローザンヌ条約でも、ムスタファ・ケマルがヒッタイト▲時代のハッタという地名からハタイ▲と命名したイスケンデルンは、トルコ国境外のフランスの委任統治下

▼**ケロッグ・ブリアン協定**(一九二八年)　不戦条約とも呼ばれる。アメリカの国務長官ケロッグの提案に、フランスのブリアンが同調し、「武力によって国際紛争を解決しない」と一五カ国が調印した。

▼**ヒッタイト**　前十七世紀に建国され、前十四世紀には全盛期を迎えたインド・ヨーロッパ語系の民族・国家。初めて鉄器を使用したことでも知られる。

▼**ハタイ**　イスケンデルン州を指し、ローザンヌ条約によってフランスの委任統治下に入れられた。住民にトルコ系が多かった。

におかれた。

一九三六年のシリアの独立にあたって、フランスは特別自治区としての権利について考慮せず、イスケンデルン県をシリア政府に委ねる決定をした。トルコ共和国政府はただちに国際連盟に訴え、ハタイの独立を要求した。ムスタファ・ケマルはフランス大使と会談し、ハタイの住民保護を強調した。同年十月、フランスはシリア独立と同様にハタイ独立も公式に宣言した。翌三七年、国際連盟もハタイ独立を承認した。

ハタイ独立後の議会選挙が実施されたが、フランス軍の監視下での選挙に対して、トルコ共和国政府は自国軍の選挙監視団を派遣することを要求し、シュキュル・カナトル▲大佐指揮のトルコ共和国軍がハタイに派遣された。一九三七年八月、選挙がおこなわれ、議会の多数派をトルコ人が獲得した。翌年九月、ハタイ共和国が樹立され、三九年六月のハタイ共和国の議会の決議をもって、七月にハタイはトルコ共和国の一州となった。

▼**シュキュル・カナトル**（一八九三～一九五四）　陸軍士官学校を出てアルバニアに派遣されるが、ギリシア軍と戦い捕虜となる。帰国後に陸軍大学を卒業。ハタイ派遣軍指揮官となり、帰国後将軍に昇進。陸軍総司令官となり退役した。

ラーイキリキ政策

ムスタファ・ケマルは、トルコ共和国を西欧の諸国と同じ近代国家にするための改革を開始した。すなわち彼の考える近代化は、まさに西欧近代思想の受容であった。彼はオスマン帝国の諸改革が成功しなかったのは、オスマン体制およびイスラーム体制を維持したままの西欧化であったからだと考えた。彼の改革方針は、イスラーム国家といわれるオスマン帝国の諸制度を否定することであり、とくに政治・経済・社会・教育などの分野において、イスラームを排除することが、近代国家すなわち西欧国家への変容の道であるとした。

これらの基本的な考え方は、フランス語の「ライシテ」に由来するラーイキリキ政策であった。ラーイキリキは、政治分野での宗教排除の意味から政教分離政策、もしくは国家組織からの宗教排除の点から「ライシテ」の日本語訳の「世俗主義」ともいわれるが、その成立の背景をたどると以下のようになる。

一九二四年三月、カリフ制廃止の決定直前に、シャリーア・ワクフ▲省廃止ならびに宗務局、ワクフ総務局設置法の審議がおこなわれた大国民議会においてムスタファ・ケマルは、

▼ワクフ　イスラームの寄進制度。宗教・教育・慈善事業などの財源とされ、一定の社会的役割をはたしてきたが、ワクフ管財人の生活を保障する体制でもあり、歴代の支配者がこれを管理してきた。このため、トルコ共和国でも国家管理においた。

……我々がそれに属することによって平安であり、幸福であるイスラーム教を、それが何世紀にもわたって慣らされてきた政治の道具としての地位から解放し、高めることが、もっとも肝要な真理であることを我々は認めます。我々の神聖な信仰および良心を、混乱して不安定な、あらゆる類《たぐい》の利害や野心のあらわれる場である政治および政治の全機関から、できるかぎり明確に解放することこそ、国民の現世および来世の幸福が要求するところなのであります。ただ、このようにしてのみ、イスラーム教の偉大さはあらわれるのです。……

（粕谷元訳）

と演説し、イスラーム教および信仰・良心と政治の分離を明確に主張したのである。ラーイキリキの言葉が使われたのは、一九三一年の共和人民党大会綱領である。そして、ラーイキリキの説明として「宗教的思考は良心の問題であることから、党は、宗教的思想を国家および現世／世俗（世界）の問題ならびに政治から分離することを、わが国民の現代的進歩における、おもな成功要因であるとみる」とし、さらにつけ加えて、「ラーイキリキは決して無神論でもなく、また、これを望むものでもない。トルコでは、すべての者が望むままに信仰することが憲法で保証されている」と、イスラーム教の否定ではないことを強調している。

ムスタファ・ケマルがイスラーム排除政策にいつ取りかかったかははっきりしない。少なくとも、祖国解放運動のなかではイスラームを否定することはなく、むしろ同調する姿勢であった。例えば、一九二〇年、イスタンブル政府は、「カリフに反することは死に値する」とのシェイヒュルイスラームのフェトヴァに対して、アンカラ政府は、ムスタファ・ケマルがスルタンに忠実であることを宣言し、アンカラのムフティーに「祖国解放運動が合法である」とのフェトヴァを発させている。

スルタン制の廃止は、大国民議会内のイスラーム擁護勢力にとっては重大な事態ではあったが、ムスタファ・ケマルはオスマン朝の政治中心であるイスタンブル政府を排除する手段として断行した。彼はオスマン家に対して、カリフ制を分離保持してイスラームの宗教的地位を保証しているが、同時に制限も加えている。

ローザンヌ条約を批准したのち、ムスタファ・ケマルは共和制を構想した。

共和制では大統領が国家元首になり、オスマン家の支配者としての地位は否定され、それにともないカリフ制は廃止された。新しく誕生したトルコ共和国は政治的にイスラームを分離した。そのため、イスラーム的要素をもつ国家に関連する組織はその存在基盤を失った。イスラーム法を執行する最高官職であるシェイヒュルイスラームも廃止された。イスラーム法が効力をもつ場がなくなったため、シャリーア法廷も閉鎖された。イスラーム法の執行者を養成する教育機関メドレッセも不要となり、閉鎖された。アラビア語で「ウシュル」とされるアシャール▲税も廃止された。

　法律も整備され、イスラーム法にかわる西欧の法体系が採用された。すでにアフメト・ジェヴデト・パシャ▲による一八七〇年の民法典（メシェレ）にも、西欧的なローマ法やナポレオン法典がイスラーム法の枠内で導入されていた。しかし、共和国の法律の西欧化は徹底しており、当時ヨーロッパで完成された民法典として名高かったスイス民法が、一九二六年に若干の修正をもって導入された。これは生活面での西欧化の実施である。また刑法についても、イタリア刑法が民法と同様に修正を加えて導入された。そしてドイツ商法をもととした

▼アシャール　十分の一税といわれる租税である。イスラームにもとづく課税で、時代とともにその割合は増大し、三〇%にもなっていた。

▼アフメト・ジェヴデト・パシャ（一八二三〜九五）　オスマン帝国末期の官僚政治家・知識人。

新商法も導入された。さらに西欧の法に準じた債務法・訴訟法なども制定された。最高裁判所がこれら法律の合憲の可否を判断する機能をもつようになった。このようにイスラーム法廃止による国家体制の整備もおこなわれ、政教分離はほぼ完了した。

なお、憲法では一九二四年の成立時には、イスラーム教を国教とする条文があったが、二八年の改正で削除された。そして、三七年の改正で、ラーイキリキが第二条に加えられた。

政教分離政策は、新しいトルコ国民育成のため、社会改革や文化改革、経済改革などにも影響を与えた。一九三二年に共和人民党はラーイキリキを広く人民に普及するために、アンカラに本部をおいた人民の家▲を地方に設立した。

帽子改革

ムスタファ・ケマルは、西欧国家と肩を並べるため、今までのトルコ人ではなく、新しいトルコ国民として姿かたちもただすべきとの趣旨で改革をおこなった。トルコ共和国の民衆への最初の改革が一九二五年の「帽子改革」である。

▼**人民の家**　トルコ共和国時代、共和人民党の影響下に、一九三二年、トルコ民衆の衛生・教育・女性保護など、生活向上のためにつくられた組織。初め本部をアンカラに設置し全国に一四支部がつくられた。のちに各地に支部がおかれ全国的規模となった。五一年、民主党が政権につくとすべて閉鎖された。六〇年のクーデタで復活したが、八〇年のクーデタでふたたび閉鎖され、裁判の結果、八七年に復活した。

▼**カスタモヌ**　北アナトリアの都市。ムスタファ・ケマルが改革を打ち出した都市として知られる。

▼**フェス**　トルコ帽。円錐台形のフェルト製で天頂に紐飾りがある。オスマン軍の近代化のためフランスのデザインを採用した。

まずアンカラの駐屯部隊の制服が変更され、ついでジャンダルマ（軍事警察）や海軍の制服が改正された。これらの特徴は、帽子にひさしがあることだった。この影響で、イスタンブルのガラタ地区の民間衛視が帽子を新しくした。二月には赤三日月看護学校の学生が、スカーフをやめて看護帽の着用を始めた。八月には裁判所において、裁判官や書記官が新しい法衣を着用しはじめた。

一九二五年の夏、私服でパナマ帽をかぶったムスタファ・ケマルはカスタモヌ▲で、「オスマン軍の近代化改革のなかで西洋的な帽子として採用されたフェス▲の着用はもはや時代遅れであり、文明的な帽子を着用すべきである」と演説した。そしてアンカラに帰ると、駅頭には帽子を着用した人たちが出迎えた。翌日、国家公務員の帽子着用義務が通達された。

十一月、「帽子着用法」が議会で審議され、帽子の強制は憲法違反であるとブルサ選出議員ヌレッティンらの反対二票があったが可決された。しかし、帽子着用反対派の抵抗は激しく、このため独立法廷が設置され、逮捕者が続出した。女性の服装は、都市ではすでに二十世紀初頭から西欧化していたが、頭をおおうスカーフの着用は好ましいものとはされなかった。一九三四年十二月に宗教施設以外の場所で宗教に関する衣装の着用を禁止する「特定衣装着用禁止に関する法」も制定された。

テッケ、ザーヴィエ廃止

シェイフ・サイトの反乱が、ナクシュバンディー教団の長老であるシェイフ・サイトによって指導されたことから、ディヤルバクル独立法廷は、公的な場におけるイスラーム信仰を抑制するために、イマーム(導師)たちの活動を禁止した。シェイフ・サイトらの裁判の判決文に「長老たちはテッケ(修行場)やザーヴィエ(聖廟)において、自らに神が宿ったと民衆に語り、反乱を指導した」と書かれ、これに呼応して、コンヤ選出議員レフィキは議会にテッケやザーヴィエを閉鎖する法案を提出した。大統領ムスタファ・ケマルはカスタモヌを訪問し、「トルコ共和国にはシェイフ(教団の長老)、デルヴィシュ(教団の修行者)、ミュリド(教団の修道士)、メズジュプ(神がかり)は必要ない。真の正しいタリーカ▲は文明タリーカである」と演説した。彼はアンカラに帰還して、大統領布告をもってテッケおよびザーヴィエの閉鎖を決定した。

▼**タリーカ**　一般的には、イスラーム神秘主義の教団組織を示すが、この部分は本来の意味である「道」の意で使っていると思われる。

「テッケ、ザーヴィエおよびテュルベ閉鎖、テュルベダルなどの関係称号の禁止法」は一九二五年十一月の議会で可決され、官報に公示された。テッケおよびザーヴィエなどの教団の修行施設の閉鎖とともに、すべての教団のシェイフ、デルヴィシュ、ミュリド、デデ、チェレビ、エミル、ハリフェ、ファルジ、ビュユジュ、ユフリュクチュおよびテュルベダル（廟の管理人）などの称号や資格などをあらわすすべての語の使用が禁止され、あわせてこの称号をあらわす衣装の着用が禁止された。同時に、トルコ共和国内においてスルタンの廟およびタリーカから発生したすべての廟も閉鎖された。実質的に教団の閉鎖であった。また、教団の信仰の対象となる聖者の廟の閉鎖に合わせて、オスマン朝スルタンの廟も閉鎖したことにより、オスマン帝国への回帰も強く否定した。

しかし、ムスタファ・ケマルの死後、一九五五年に法律が改正され、廟の一部が再開された。さらに九〇年の法改正により廟の開放は政府の承認を必要としないとされた。

最近では、個人の信仰を隠れ蓑に、この法律の実効が弱まったことを示している。タリーカの禁止にもかかわらず、実際はその活動が密かに続けられているようである。歴史的にトルコ人のイスラーム化はタリーカをつうじておこなわれており、タリーカの閉鎖は個人的信仰を認めることとの矛盾を含んでいたといえる。

姓名、称号の改革

トルコ人は歴史的に姓を名乗っていなかった。一九三四年に制定された姓名法では、西欧風に姓をつけることを義務づけられ、その選択は家長に委ねられた。表記法としては、名のあとに姓をつけることとした。階級・官職・部族名・外国名のほか、公衆に害のある姓は禁止された。また、姓名法もラーイキリキ政策の一つであったことからホジャ、モッラなどのイスラームの称号を姓とすることも禁止された。

また、称号法も制定され、アガ、ハッジ、ハフズ、ホジャ、モッラ、エフェンディ、ベイ、ベイエフェンディ、パシャ、ハヌム、ハヌムエフェンディ、ハズレットレリなどのオスマン帝国で日常的に使用されていた称号・尊称も法的に使用を禁じられた。民間人の階級・官位・勲位・勲章は廃止し、これらの使用や佩用《はいよう》が禁じられた。ただし、祖国解放戦争の従軍勲章は除外された。さらにトルコ人は外国の勲章をつけることも禁止された。また共和国軍においても、陸・空軍の将軍はゲネラル、海軍提督はアミラルのように西欧的な名称に変更された。さらに軍の階級▲や組織の名称も改められた。

社会改革

一九三〇年に女性の地方自治体選挙への参加が認められた。これにより市議会議員や村長にも女性が選出されるようになった。三四年には国政にも女性参政権が認められ、大国民議会に当選した女性議員が登院した。

結婚は、イスラーム法によらず、公的機関への登録の民事婚が義務づけられた。すでに、一九一七年には一夫多妻制を禁止する家族法も成立していた。

日常生活での改革として、一九二五年には時刻法が制定され、一日は夜半から始まる二十四時間制とし、子午線はイズミットを通る東経三〇度線とした。それまでの時刻制は、日没を十二時とする「トルコ時刻」を用いたため、南中を十二時とするものとは異なっており、第二次立憲体制開始時の一九〇九年に、

▼トルコ共和国軍の階級　少尉はテーメン、中尉はウス・テーメン、大尉はユズバシュ、少佐はビンバシュ、中佐はヤルバイ、大佐はアルバイ、准将はトゥウ・ゲネラル、少将はトゥム・ゲネラル、中将はコル・ゲネラル、大将はオル・ゲネラルとなる（陸・空軍。海軍の将軍はアミラルとなる）。

国会で審議されたが、否決されていた。また暦法では、西暦が法的に承認され、一九二六年一月一日から使用が開始された。さらに、週の休日は土曜日の午後と日曜日に変更された。オスマン時代は、タンジマート▲期までヒジュラ暦▲のみが使用された。タンジマート以後、財務暦として太陽暦のルーミー暦▲も使用され、月の名称も改められていたが、ユリウス暦を使用したため、西暦グレゴリウス暦とずれがあり、休日は金曜日であった。

度量衡法では、グラム・メートル法が導入された。それまでの、ディルハム、オッカなどの重量表記はグラムやトンなどに、キレ、シニッキ、タシュ、オルチェッキなどの容積表記はリットルなどに、ドヌム、チフトリッキなどの面積の単位は平方メートルなどに変更された。

なお通貨単位の変更はなく、リラ、クルシュ、パラなどが継続使用された。

文字改革

トルコ系民族は、広い意味でのトルコ語を話している。それを文字にしたのは突厥《とっけつ》▲時代が最初であり、ソグド文字▲を改良した突厥文字を使った。そののち、

▼タンジマート（一八三九〜七六年）　アブドゥルメジド一世とアブドゥルアジズの時代。外務大臣ムスタファ・レシト・パシャの提唱による西欧的な改革で、ギュルハネ庭園で改革勅令が発せられた。スルタンの権限が制限され、信仰を問わず国民に生命・財産・裁判・兵役などで平等な権利が与えられた。これにより西欧列強の内政干渉が強まった。

▼ヒジュラ暦　ムハンマドがメッカからメディナへ移動した西暦六二二年を元年とするイスラーム暦。太陰暦のため太陽暦より約一一日短い。

▼ルーミー暦（マーリー財務暦）　オスマン帝国で一七四〇年から一九二五年まで使われた暦。財政帳簿の都合で一年を三六五日に設定し、月の名にはトルコ語をあてた。年表示はヒジュラ暦に合わせ、一一五六年から始まる。

▼突厥　中国の隋・唐時代に北アジアに帝国を形成したトルコ系民族。ソグド人を支配下に入れ、彼らの文化を吸収した。モンゴル高原にある漢字と突厥文字で書かれたキュルテ

ギン(闕特勤)碑文は七三二年に建立され、カン(汗)であるキュルテギンの功績が記されている。

▼ソグド文字　古代から中央アジアの商業に従事していた民族のソグド人が使用した文字。

ソグド文字の筆記体を発展させたウイグル文字が使用された。ウイグル文字はモンゴル文字や満州文字に影響を与えた。さらにイスラームを受容するとアラビア文字が導入された。しかし、アラビア文字でトルコ語を表現するためには母音表記などの問題があった。オスマン時代には文章語としてアラビア語、ペルシャ語を借用したオスマン語が使われていたが、その識字率は二・五％程度であり、上昇は望めなかった。

一八五〇年代から、フランスの影響を受けた知識人は、ラテン文字を独自にあてはめてトルコ語を表現することを始めた。二十世紀初頭、アルバニアやアゼルバイジャンでラテン文字化が実施されると、トルコ人のあいだに大きな反響を呼んだ。

このような背景をもって、ムスタファ・ケマルは、アラビア文字で表現されるトルコ語をラテン文字で表現することを諮問し、さまざまな言語研究者の意見を聞き、集会をかさねてフランス語をもとに八つの母音、二六の子音を考案した。これにより発音どおりの表記が可能となった。一九二八年、議会でトルコ文字の受容と実施に関する法が可決し、アラビア文字による出版を禁止し、ラテン文字化を進めた。学校では文字教育が徹底され、官吏には文字試験が課され、軍の新兵教育でも文字教育がなされた結果、成年男子の大部分がラテン文字表現のトルコ語を理解するようになった。しかし、当初成人女性の文字教育の場が少なかったため、女性への文字普及は少し遅れた。

言語協会・歴史協会

ムスタファ・ケマルは、すべての文明は中央アジアを源流とすることから、すべての言語はトルコ語から発生したという太陽言語論▲を支持して、一九三三年、第一回トルコ言語研究クリルタイ▲を開催した。そして言語学者を集めた研究組織をつくったが、その理論を発展させることはできなかった。そのため、この組織はトルコ語純化研究に移行し、古いトルコ語の語彙を集め、アラビア語やペルシャ語の語彙と変換させる事業をおこなった。この組織はのちに言語協会へと発展した。

また一九三〇年、トルコ歴史研究会が開催され、翌年、ムスタファ・ケマルは、トルコ人の歴史を太陽言語論によって広める目的で研究組織を結成させた

▼**太陽言語論**　トルコ民族の源流は中央アジアにあり、太陽のように崇高な文明の所有者であった。世界の言語も歴史もその源はトルコ民族に属するとした。しかし、科学的思想により短期間で消滅した。

▼**クリルタイ**　この名称はモンゴルの大ハン推挙の会議に使われるが、アルタン系民族の「集合」の意味で現在も使われている。

が、組織は科学的歴史観を取り入れ、三五年の閣議決定によりトルコ歴史協会となった。歴史協会および言語協会を運営するための基金にはムスタファ・ケマルの私財があてられた。のち、一九八二年の現行憲法への改訂により、両協会は独立組織から国家機関となった。

経済改革

オスマン帝国では、トルコ系ムスリムは、官僚や軍人に起用されていたが、多くは農民であった。規模の大きな経済活動をおこなうのは、大部分がギリシア人やアルメニア人などのキリスト教徒とユダヤ教徒であり、対外貿易で外国商人との接触は彼らの独壇場であった。

一九二三年二月にアンカラ政府は、トルコ国民の経済活動を自ら決定するためのイズミル経済会議を招集した。全国会議として各郷(カザー)から、商人・貿易商・労働者・経営者・銀行家が各一人で、農民三人の計八人の代表の選任を求めた。代表総数は三〇〇〇人ほどになるが、実際は一一三五人が集まった。

イズミル経済会議の冒頭、招集者であるムスタファ・ケマルは、オスマン帝国の輝かしい英雄たちメフメト二世、セリム一世、スレイマン一世を批判して、「彼らは遠征をおこなったが、「国の基本」である民族の経済的利益を無視し、腹心たちに、各種の特権や免税権を与えて、国家の自滅の遠因をなした。国の基本は、剣による征服で併合した土地に暮らすものたちに特権や自治権を与え、鋤を手に土地を耕させることである。鋤を握る手は剣を握る手に勝る。剣で征服したものは鋤を手にするものに敗れるのが道理である」(佐原徹哉訳)と述べ、植民地主義に対抗して、経済立国を宣言した。

イズミル経済会議では、次のことが承認された。①資源を国内で加工する産業もしくは加工できる産業を創設する。②手工業および小企業を工場や大規模作業所に統合する。③国家は民間で対応できない部門を担当する。④国立中央銀行を創設する。⑤産業育成のための銀行を創設する。⑥鉄道建設は計画的に実施する。⑦組合活動を承認する。

ムスタファ・ケマルは、イズミル経済会議の方針に従い、国内の民族資本形成に努力した。とくに、一九二六年七月カボタージュ法を成立させ、沿岸貿易保護のため、領海内での海上輸送営業権を確保した。

しかし、一九二九年のアメリカの株価暴落に始まる世界恐慌は、脆弱なトルコ共和国経済にも大きな影響を与えた。これに対応するため民間の産業開発を促進する国家指導型経済(エタティズム)が進められた。三一年、ソ連の経済開発五カ年計画を参考に、第一次産業振興五カ年計画が開始された。織物・食品加工・セメント・砂糖・製紙工業が育成の対象となった。ミドハト・パシャ▲によって設立された農業銀行は国営銀行となり、そのほかの産業育成のための国営銀行が設立された。

一九三三年設立のシュメル銀行は、紡績・織物工業へ出資したが、自らコークス・セメント・皮革・製紙・製鉄などの産業にもたずさわった。三五年設立のエティ銀行は、地下資源開発や電力の供給などを担当した。そのほかにも、海事銀行・興業銀行などが設立され、国内産業育成のため、国産品愛用運動がおこなわれた。当初は外国製品に見劣りした国産品は、しだいに製品の品質の程度を向上させた。三六年、第二次五カ年計画が始められたが、三九年、第二次世界大戦前の経済混乱により計画は中止された。そして新たな経済立て直しのために経済防衛法が制定された。

▼**アフメド・ミドハト・パシャ**(一八二二〜八四)　各地で州知事を歴任し、大宰相(在任一八七二、七六〜七七)となる。アブドゥルアジズ、ムラト五世を廃し、アブドゥルハミド二世を推戴する。七六年に発布されたミドハト憲法の草案を作成。のち反逆罪で国外追放(一八八一〜八四)となり、帰国を許されるが、タイフで暗殺された。

晩年のムスタファ・ケマル

ムスタファ・ケマルの死

　ムスタファ・ケマル自身は健康であるといっていたとされるが、ファリフ・ルフットの著書『チャンカヤ』には、ムスタファ・ケマルは元来健康な人ではなかったとある。たしかに、オスマン・イタリア戦争の少佐時代にリビアのトリポリに派遣されたとき、エジプト国境で入院し、戦場では眼と腎臓を患った。そのため、戦友たちより早く戦線を離れ、オーストリアのウィーンで療養している。また、バルカン戦争後のソフィア駐在武官時代には、オーストリアで温泉治療をおこなっている。第一次世界大戦末期のスルタン後継者ヴァフデッティンのヨーロッパ旅行随行後、ヨーロッパで治療を受けていたが、新スルタンの命令で帰国して第七軍司令官としてシリア戦線に復帰したとき、病気が治らず前線司令部の病床で幕僚と会見している。

　また、一九一九年にサムスンに上陸したときも体調不良で、ハウザに立ち寄って腎臓病のための治療をおこなっている。エルズルム会議、シヴァス会議時にあっても腎臓病に苦しんでいた。さらに、アンカラ政府の指導者であった時期には、一九二五年と二七年に冠状動脈血栓を起こしている。そして、三六年

▼ドルマバフチェ宮殿　一八五四年、スルタン、アブドゥルメジドのとき建設された。ボスポラス海峡に面し、二八四メートルの長さで三三二室をもつ広大な大理石造りの宮殿。

十一月肺炎を起こし、三七年にはいって肝硬変と診断された。しかし、彼は大統領としてハタイ併合などのさまざまな任務をこなしていた。

長く盟友として行動をともにしてきた首相イスメトと経済政策やハタイ問題などで意見が対立し、一九三七年九月にイスメトを解任し、新たな首相にジェラル・バヤルを任命した。イノニュ派の主要閣僚・官僚は留任し、政策は滞りなく継続された。しかし死を目前に、ムスタファ・ケマルの祖国解放運動から共和国時代の戦友・同志は、これですべて彼のもとから離れてしまうこととなった。

一九三八年一月、症状が悪化したため、ヤロヴァで温泉治療がおこなわれ、二月になってイスタンブルにしばらく滞在したのち、アンカラにもどった。五月六日政府はムスタファ・ケマルの病状について公式発表をおこなった。

五月十九日、ムスタファ・ケマルはアンカラでの青年・スポーツの日の式典に出席したのち、二十五日にイスタンブルのドルマバフチェ宮殿▲に移った。六月一日から、国が買い上げた大型ヨット、サヴァロナをドルマバフチェ宮殿の前に投錨待機させ、ここで外国大使との会見や閣僚との懇談をおこない、宮殿とヨットで大統領としての執務を続けた。とくにハタイ問題については、ここから指示を与えていた。

一九三八年十月十七日、ムスタファ・ケマルは最初の昏睡状態に陥った。一時、昏睡から回復し、首相に十月二十九日の共和国成立一五周年記念式典について指示を与えたが、十一月八日にふたたび昏睡状態に陥り、十一月十日午前九時五分、ドルマバフチェ宮殿において波乱万丈の生涯を閉じた。

ケマル・アタテュルクとその時代

西暦	齢	おもな事項
1881		ムスタファ・ケマル誕生（サロニカ）
1902	21	少尉任官
1904	23	陸軍大学卒業，参謀大尉，シリア，ダマスクスに配属
1907	26	マケドニアへ異動
1909	28	3・31 事件のさい行動軍参謀長となる（イスタンブル郊外まで）
1911	30	オスマン・イタリア戦争でリビア戦線従軍
1912	31	バルカン戦争に従軍
1913	32	ソフィア駐在武官（〜 15）
1914	33	第一次世界大戦勃発（のちオスマン帝国参戦）
1915	34	ソフィアから帰国し師団長となる。アナファルタの戦いに勝利
1916	35	東部戦線に移動。少将に昇進。パシャとなる
1917	36	パレスチナ戦線から総参謀本部付に左遷される。ヴァフデッティンのヨーロッパ視察に随行（〜 18）
1918	37	メフメト 5 世崩御，メフメト 6 世（ヴァフデッティン）即位。パレスチナ軍司令官兼稲妻混成軍オスマン軍グループ司令官となる。タラート・パシャ内閣総辞職。モンドロス休戦協定。イスタンブルに帰還
1919	38	ギリシア軍のイズミル上陸。サムスンに上陸（祖国解放運動の開始）。エルズルム会議。シヴァス会議。アナトリア・ルメリー国民権利擁護委員会代表となる。アンカラに移動
1920	39	最後のオスマン帝国議会（国民誓約を承認）。大国民議会樹立（アンカラ政府誕生）。セーヴル条約調印
1921	40	イノニュの戦い。基本組織法成立
1922	41	祖国解放戦争勝利。スルタン制の廃止。ローザンヌ会議
1923	42	イズミル経済会議。ローザンヌ条約。トルコ共和国の成立（オスマン国家の滅亡）。初代大統領となる
1924	43	カリフ制廃止。基本組織法の改正。進歩主義者共和党成立
1925	44	シェイフ・サイトの反乱。アシャール税廃止。帽子着用法の制定。テッケ・ザーヴィエ等閉鎖法制定。国際標準時の制定
1926	45	トルコ・イラク国境確定。民法の改正。刑法の制定。イズミル事件。商法の制定。カボタージュ法の制定
1928	47	憲法の宗教条項削除。計量法・国籍法の制定。トルコ文字の制定
1929	48	主要鉄道国家買収。アンカラ・イスタンブル間電話開通
1930	49	地方選挙女性参政権。自由共和党成立。中央銀行設置法制定
1931	48	農業会議開催。トルコ歴史研究委員会（トルコ歴史協会）設立
1932	49	トルコ共和国国際連盟加入。トルコ言語研究委員会（トルコ言語協会）設立
1933	50	郵便電話電信局設立。イスタンブル大学設立。シュメル銀行開設
1934	51	第 1 次 5 カ年計画。姓氏法制定（議会アタテュルクの姓を贈呈）。制限業種の衣服の着用禁止法制定。大国民議会議員選挙に女性参加権
1935	52	祭日・休日法制定
1938	54	海事銀行設立。ハタイ・トルコ共和国独立（のちトルコ共和国に併合） ***11-10*** ムスタファ・ケマル逝去（ドルマバフチェ宮殿）

参考文献

新井政美『トルコ現代史――イスラム国家から国民国家へ』みすず書房，2001年
新井政美『イスラムと近代化――共和国トルコの苦闘』講談社選書メチエ，2013年
イルテル・エルトゥールル（佐原徹哉訳）『現代トルコの政治と経済――共和国の85年史（1923～2008)』世界書院，2011年
粕谷元編『トルコにおける議会制の展開――オスマン帝国からトルコ共和国へ』財団法人東洋文庫，2007年
粕谷元・多和田裕司編著『イスラーム社会における世俗化，世俗主義，政教関係』（SOIAS research paper series 10）共同利用・共同研究拠点イスラーム地域研究拠点上智大学アジア文化研究所イスラーム地域研究機構，2013年
佐藤次高編『人物世界史4　東洋編』 山川出版社，1995年
永田雄三編『新版世界各国史9　西アジア史Ⅱ　イラン・トルコ』山川出版社，2002年
ブノアメシャン（牟田口義郎訳）『灰色の狼ムスタファ・ケマル――新生トルコの誕生』筑摩書房，1975年（新装版，初版1965年）
Lord Kinross, *Atatürk. The Rebirth of a Nation,* London, 1964.
Jorge Blanco Villalta.（tr. William Campbell）*Atatürk*. Türk Tarih Kurumu, Ankara, 1982.
Falih Rıfat Atay, *Çankaya*, İstanbul,1968.
Cihat Akçakayaoğlu, *Atatürk Komutan. İnkıl1âpçı ve Devlet Adamı Yöneleriyle.* T.C. Genelkurmay Başkanlığı, Ankara, 1998（3.basık）.
Mazhar Müfit Kansu, *Erzurum' dan Ölümüne kadar Atatürk' le Beraber*. 1.2（3.basık）Türk Tarih Kurumu, Ankara, 1988.
Şevket Süreyya Aydemir, *Tek Adam* 1.2.3（4.basık）, İstanbul, 1969.
Kemal Atatürk, *Nutuk*（Bugünkü Dille Yayına Hazırayan Prof.Dr.Zeynep Korukmaz）, Ankara, 2006.
Ziya Şakir, *Atatürk Büyük Şefin Hususî-Askerî-Siyasî Hayatı*（2.basık）, İstanbul, 1938.
Utkan Kocatürk, *Atatürk ve TürkiyeCumhuriyeti Tarihi Kronorlojisi 1918-1938*（2.basık）, Türk Tarih Kurum, Ankara, 1988.
Zeki Sarıhan, *Kurutuluş Savaşı Günleri Erzurum Kongresi' nden TBMM' ye,* Türk Tarıh Kurumu, Ankara, 1994.

出典一覧

Lord Kinross, *Atatürk. The Rebirth of a Nation,* London, 1964. *4, 9, 33, 67, 106*

ユニフォトプレス提供 カバー表，カバー裏，扉，*13, 50, 107*

PPS 通信社提供 *95*

設樂國廣(しだら くにひろ)
東京教育大学大学院文学研究科修士課程東洋史専攻修了
専攻，オスマン朝史，トルコ共和国史
現在，立教大学名誉教授，東洋文庫研究員

主要著書・論文

「「青年トルコ人」運動の展開をめぐって」『イスラム世界』11(日本イスラム協会 1976)
「青年トルコ人革命前史――レスネのニヤーズィ蜂起の歴史的意義」『オリエント』21-1(日本オリエント学会 1978)
「青年トルコ人とオスマン朝軍――将校の出自に関する問題を中心に」『中島敏先生古稀記念論集』(汲古書院 1981)
「行動軍の指導理念の変化」『内陸アジア・西アジアの社会と文化』(山川出版社 1983)
「現代のトルコ――イスラムと世俗主義の問題点」『講座イスラム 2 イスラム・転変の歴史』(筑摩書房 1985)
「ムスタファ＝ケマル＝パシャとアンカラ」寺阪昭信編 『イスラム都市の変容――アンカラの都市発達と地域構造』(古今書院 1994)
「オスマン帝国における宗教諸宗派」『歴史と地理』501(山川出版社 1997)
「イスラムとトルコ」別冊『環』14 『トルコとは何か』(藤原書店 2008)
「キプロスとトルコの EU 加盟問題」『歴史と地理』614(山川出版社 2008)
Modern West Asia and North Africa, *Oriental Studies in Japan: Retrospect and Prospect 1963-1972*, pt.Ⅱ-27, The Centre for East Asian Cultural Studies, Tokyo, 1976

世界史リブレット人㊱

ケマル・アタテュルク

トルコ国民《こくみん》の父《ちち》

2016年 8 月20日　1 版 1 刷発行
2022年 7 月31日　1 版 2 刷発行

著者：設樂國廣《しだらくにひろ》

発行者：野澤武史

装幀者：菊地信義

発行所：株式会社 山川出版社

〒101-0047　東京都千代田区内神田 1 -13-13
電話　03-3293-8131(営業) 8134(編集)
https://www.yamakawa.co.jp/
振替　00120-9-43993

印刷所：株式会社 プロスト

製本所：株式会社 ブロケード

 ISBN978-4-634-35086-1